LA

GUERRE DE LA PÉNINSULE

(1807-1813)

D'APRÈS

LA CORRESPONDANCE INÉDITE DE NAPOLÉON Ier

PAR

M. Léon LECESTRE

Extrait de la *Revue des questions historiques*. — Avril 1896

PARIS

BUREAUX DE LA REVUE

5, RUE SAINT-SIMON, 5

1896

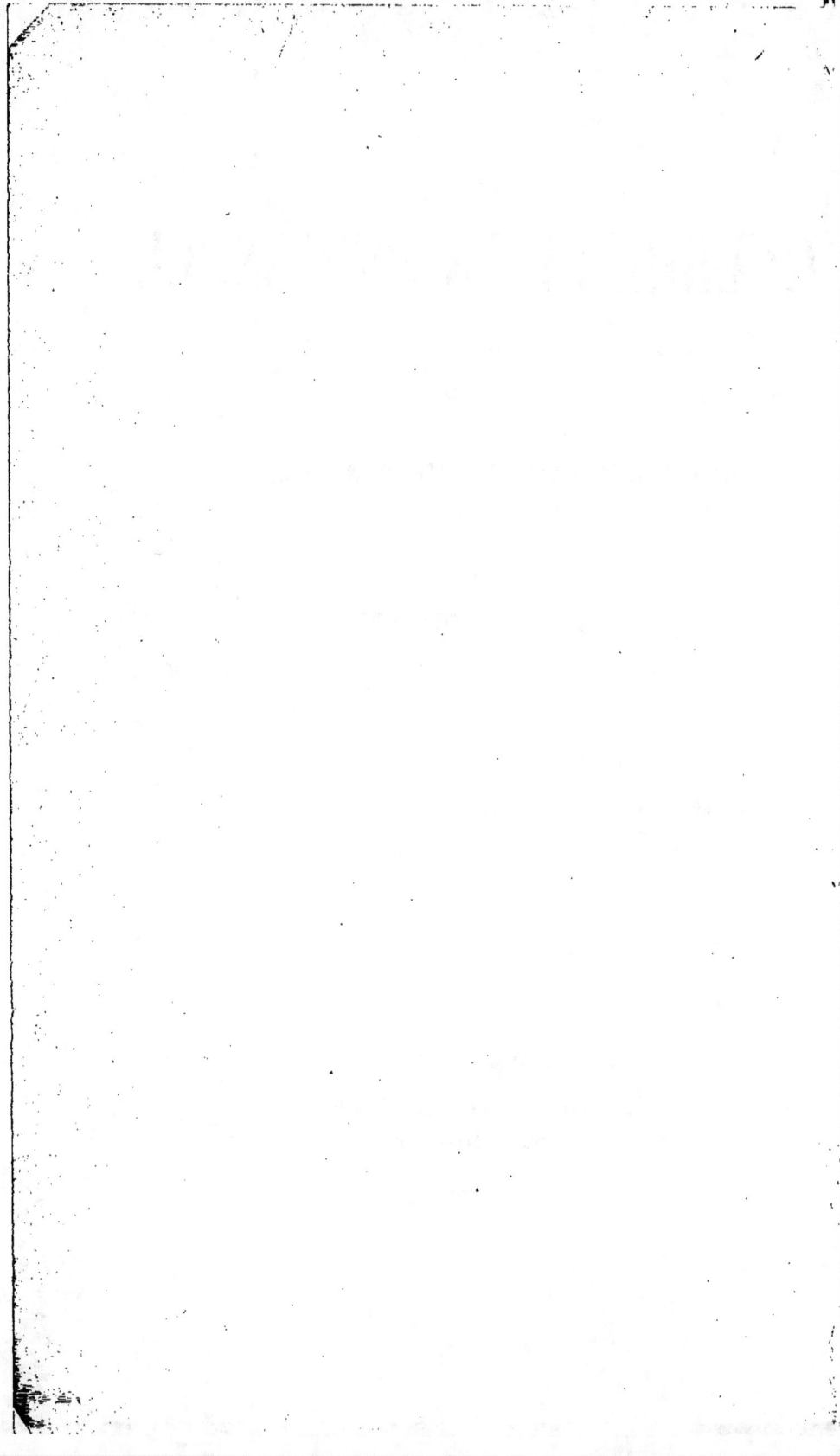

LA

GUERRE DE LA PÉNINSULE

(1807-1813)

LA CORRESPONDANCE INÉDITE DE NAPOLÉON Ier

PAR

M. Léon LECESTRE

Extrait de la *Revue des questions historiques*. — Avril 1896

———

BUREAUX DE LA REVUE

5, RUE SAINT-SIMON, 5

—

1896

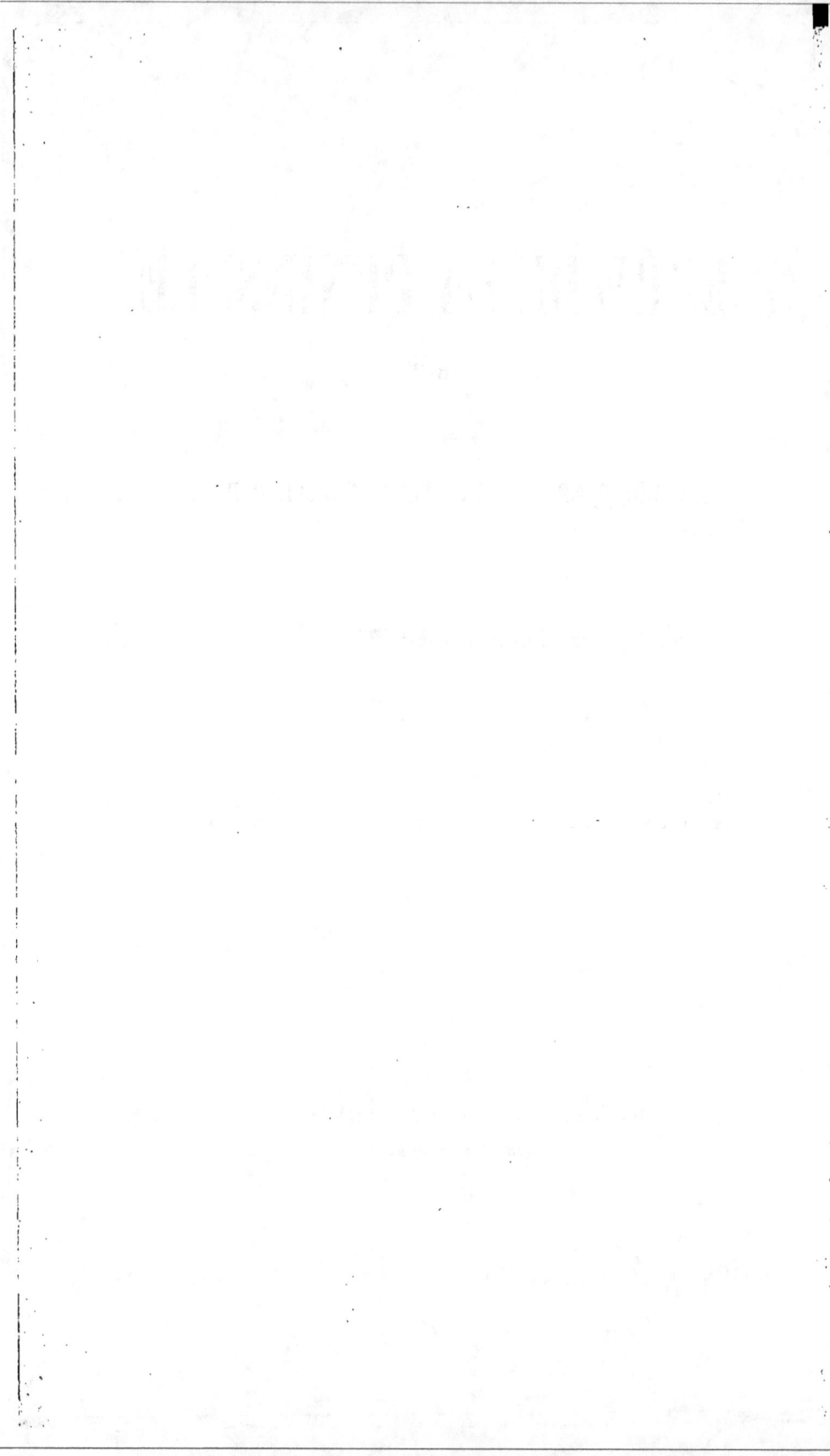

LA GUERRE DE LA PÉNINSULE

(1807 - 1813)

D'APRÈS

LÁ CORRESPONDANCE INÉDITE DE NAPOLÉON Iᵉʳ

C'est une opinion assez répandue que la grande publication de la *Correspondance de Napoléon Iᵉʳ*, exécutée par ordre de Napoléon III, renferme dans ses vingt-huit volumes toutes les lettres sans exception écrites par l'Empereur [1]. Trompés par cette idée, bien des historiens, qui ont traité divers épisodes de l'histoire du premier empire, ont négligé de consulter les cartons où reposent, aux Archives nationales, les minutes originales de cette immense correspondance ; ils y auraient pourtant trouvé presque toujours des renseignements inédits et souvent des plus curieux. Cependant, l'ouvrage de M. F. Rocquain, *Napoléon et le roi Louis*, les articles de M. le baron Du Casse parus dans la *Revue historique* [2], et d'autres travaux aussi, ont établi, dans ces dernières années, que nombre de lettres avaient été omises. Une simple comparaison de chiffres montrera l'importance de ces omissions.

La *Correspondance*, publiée de 1858 à 1869, comprend vingt-deux mille numéros ; encore s'y trouve-t-il des décrets, des ordres du jour, les bulletins de la Grande Armée, etc., qui ne sont point des lettres. Or, les quarante-huit cartons des Archives [3] contiennent plus de trente mille pièces ; et il est certain que cet ensemble n'est pas complet. Outre les lettres écrites entre le

---

[1] La publication comprend en réalité trente-deux volumes, mais les quatre derniers ne contiennent pas de lettres.
[2] Années 1886 et 1887.
[3] AFᵢᵥ 861 à 908.

1ᵉʳ janvier et le 10 novembre 1812, emportées par Napoléon dans la campagne de Russie et perdues ou brûlées pendant la retraite, on sait pertinemment que nombre de minutes ont été égarées sur le moment même dans les hasards des campagnes, que d'autres ont été détruites volontairement, soit en 1814, soit sous le second Empire. En ajoutant ces pertes au chiffre que nous avons donné plus haut, on peut se figurer quelle énorme masse de documents forme cette correspondance.

Est-ce à dire pour cela que tout ce qui n'a pas été publié mérite de l'être ? Point du tout. Il faut reconnaître qu'un grand nombre de pièces ont été écartées par suite de leur manque absolu d'intérêt. Mais, à côté de ce motif, il y en eut d'autres, de nature différente, que le prince Jérôme, président de la Commission impériale, a indiqués en ces termes dans le rapport qu'il adressa à l'Empereur en 1864 [1] : « En général, disait-il, nous avons pris pour guide cette idée bien simple, à savoir que nous étions appelés à publier ce que l'Empereur aurait livré à la publicité, si, se survivant à lui-même et devançant la justice des âges, il avait voulu montrer à la postérité sa personne et son système. »

Partant de ce principe, la Commission laissa systématiquement de côté toutes les lettres qui pouvaient être trop blessantes pour quelque membre de la famille impériale ou quelque haut dignitaire, toutes celles relatives aux querelles de Napoléon avec ses frères, toutes celles qui pouvaient ternir en quelque façon la glorieuse auréole de l'Empereur ; beaucoup de lettres se rapportant à des affaires de police, au régime de la presse, à la lutte contre le Pape, etc., ont été soigneusement écartées.

Ces lettres ainsi éliminées sont en général intéressantes ; les causes de leur exclusion le prouveraient de reste. Malheureusement il est avéré que le prince Napoléon, par respect familial et dynastique, en détruisit un nombre qu'il est impossible de fixer, et certainement les plus piquantes. Malgré cela, plusieurs centaines de pièces restent encore, qui mériteraient les honneurs de la publication. On trouvera ci-après la majeure partie de celles qui ont trait à l'expédition de Portugal et à la guerre

---

[1] En tête du tome XVI de la *Correspondance*.

d'Espagne, et l'on pourra juger de l'intérêt que présente cette correspondance inédite.

I.

L'EXPÉDITION DE PORTUGAL

Le Portugal, alors comme aujourd'hui, était, au point de vue commercial et industriel, inféodé à l'Angleterre ; Lisbonne et Oporto étaient peuplées d'Anglais, et les relations avec la Grande-Bretagne étaient constantes. Napoléon, tout à l'application de son système de blocus continental, voulut fermer le Portugal à l'Angleterre comme il avait réussi à lui fermer presque tous les autres pays de l'Europe. Le 12 août 1807, M de Rayneval, chargé d'affaires de France, signifia au prince régent, de la part de l'Empereur, qu'il eût à se déclarer contre l'Angleterre, à interdire ses ports aux Anglais, à faire arrêter tous les sujets britanniques qui se trouvaient en Portugal et à confisquer leurs biens. Le prince régent se trouvait dans une situation fort délicate : s'il acquiesçait à l'invitation impérieuse de Napoléon, l'Angleterre bombardait ses côtes sans défense, débarquait une armée et ravageait le pays ; s'il refusait, c'étaient les Français qui envahissaient le Portugal. Pour employer une expression vulgaire, il se trouvait entre l'enclume et le marteau. Il chercha d'abord à gagner du temps, et fit attendre sa réponse. Cela lui permit de se concerter avec le ministère anglais, qui lui conseilla de céder, de faire semblant de déclarer la guerre à la Grande-Bretagne et d'appliquer le blocus continental, quitte à fermer les yeux sur les navires anglais qui pourraient atterrir dans les ports isolés du Portugal, et à répondre aux représentations de Napoléon, s'il y avait lieu, que ces bâtiments avaient été jetés sur ses côtes par la tempête et que l'humanité ne lui permettait pas de les repousser. En conséquence, le 21 septembre, il fit savoir à l'ambassadeur qu'il se soumettait aux désirs de l'Empereur, mais que le droit des gens lui interdisait de porter aucun préjudice aux particuliers anglais établis en Portugal sur la foi des traités. Cette réserve devint le prétexte de l'expédition que Napoléon était décidé à faire, de concert avec l'Espagne, quelle que fût la réponse du prince régent. Mais l'Empereur tenait à conquérir le Portugal, autant que possible, sans coup férir; il désirait surtout s'emparer de la flotte portugaise, mouillée à Lisbonne, pour empêcher l'Angleterre d'en profiter, et il ne voulait pas laisser échapper la famille royale, qui avait eu le projet, savait-il de source sûre, de se retirer au Brésil avec ses trésors. Pour atteindre ce but, il résolut, d'une part, de diriger en toute hâte sur le Portugal le corps expéditionnaire du général Junot, fort de vingt-six mille hommes et concentré à Bayonne depuis quelque temps, et, d'autre part, d'amuser le prince régent en lui faisant croire que Junot ne venait point en ennemi, mais en allié, pour l'aider à défendre son pays contre les attaques probables des Anglais. De cette façon, il comptait bien que l'armée portugaise ne ferait aucune résistance, que la flotte resterait dans le Tage et que la famille de Bragance ne quitterait point le pays. Cette duplicité de Napoléon, dont les affaires d'Espagne allaient bientôt fournir un nouvel exemple, a été sommairement indiquée par M. Thiers et exposée d'une manière plus explicite dans les *Mémoires* de Marbot, et ailleurs; mais aucun document officiel ne l'a, croyons-nous, fait connaître d'une manière aussi précise que les deux lettres qui vont suivre et qui ont été omises dans la *Correspondance*.

Le 27 octobre 1807, le jour même où Napoléon avait signé à Fontainebleau avec l'Espagne le traité secret qui partageait le Portugal en trois parts : l'une pour indemniser la reine d'Étrurie de la perte de son royaume en Italie, que Napoléon voulait annexer, l'autre pour former une principauté vassale de l'Espagne en faveur du prince de la Paix, la troisième qui devait rester aux mains de la France pour en être disposé selon les combinaisons à intervenir au moment de la paix générale, ce même jour, disons-nous, l'Empereur écrivait à M. de Champagny, ministre des Relations extérieures :

Je désire que vous me rédigiez des dépêches à mon ministre à Madrid [1], que vous me présenterez demain, dans lesquelles vous lui ferez connaître que mon intention est que mes troupes arrivent à Lisbonne; qu'il faut essayer qu'elles y arrivent comme amies et s'emparent de l'escadre; que cela n'est possible qu'autant que la cour de Portugal continuera à se faire illusion et que, dans ce cas, il faut qu'il seconde cette disposition.

[1] C'était alors M. de Beauharnais.

Dans l'extrême embarras où va se trouver le Portugal, il est très probable que le ministre de cette cour à Madrid sera chargé de lui porter des paroles ; que l'armée du général Junot ne sera guère arrivée à la position de Ciudad-Rodrigo avant le 10 novembre ; qu'ainsi il n'y a point de difficultés à ce que, lorsqu'on lui portera des paroles, il dise qu'il croit que tout peut facilement s'arranger ; qu'il ne décourage pas cette puissance et fasse entrevoir la possibilité de tout arranger, si le prince consent à recevoir des troupes françaises comme auxiliaires, comme il y en a eu en Bavière et dans d'autres contrées de l'Europe.

Il ne doit cependant rien conclure, ni jamais se mêler de retarder la marche de l'armée, mais parler dans ce sens et faire tout le possible pour que l'armée arrive à Lisbonne et s'empare de la flotte. Il doit même faire envisager le choix du général Junot comme un choix agréable [1].

Le lendemain 28, l'Empereur adressait au ministre de la Guerre, pour lui faire connaître les dernières instructions à donner à Junot, la lettre suivante, plus explicite encore que la précédente :

Vous enverrez un courrier au général Junot pour lui porter l'ordre, du moment que la tête de ses troupes sera arrivée à Salamanque, d'y porter son quartier général, afin de se trouver à même de correspondre avec mon ambassadeur à Madrid et avec les ministres du Portugal....

Je suppose que du 1er au 15 novembre, son armée sera arrivée à Ciudad-Rodrigo. Il faudra donc que, du 20 au 30, il puisse se mettre en marche sur Lisbonne, et que, quelque chose que fasse le prince régent, qu'il déclare ou non la guerre à l'Angleterre, mes troupes aillent à Lisbonne.

J'ai donné mes instructions à mon ambassadeur à Madrid, auquel il doit se référer. Le général Junot doit écouter toutes propositions ; mais il ne doit rien signer, puisqu'il n'est muni d'aucun pouvoir des Relations extérieures pour cela. Il doit tout renvoyer à mon ambassadeur à Madrid, et vous instruire exactement de toutes les ouvertures qui lui seront faites.

Je désire que mes troupes arrivent le plus tôt possible à Lisbonne pour séquestrer toutes les marchandises anglaises. Je désire qu'elles y arrivent, s'il est possible, comme amies, afin de se saisir de la flotte portugaise. Je donne l'ordre au ministre de la marine d'envoyer un

___

[1] Junot avait été ambassadeur en Portugal de 1804 à 1805.

certain nombre d'officiers de marine près du général Junot ; ils lui seront utiles pour la police du port de Lisbonne.

Le gouvernement portugais prendra une de ces deux mesures :

1° Ou, lorsqu'il verra l'approche de l'armée française, il fera marcher son armée et se mettra en défense. Alors tout est du ressort militaire. Trois mille cavaliers espagnols et huit mille hommes d'infanterie se réuniront au corps du général Junot, qui se trouvera porté à un effectif de trente-cinq mille hommes et à un présent-sous-les-armes de trente mille hommes. Deux divisions espagnoles, l'une de dix mille et l'autre de six mille hommes, doivent marcher sur Porto et sur les Algarves. Le général Junot doit marcher droit sur Lisbonne. Il correspondra souvent avec le commandant du 2e corps de la Gironde, que vous pouvez lui annoncer comme devant être de vingt-cinq mille hommes réunis à Bayonne à la fin de novembre.

2° Ou le gouvernement portugais prendra le parti de se soumettre, déclarera la guerre à l'Angleterre et enverra au-devant de l'armée pour négocier. Dans ce cas le langage du général Junot doit être celui-ci :

« J'ai ordre de mon souverain de ne pas m'arrêter un jour et de « marcher droit à Lisbonne. Ma mission est de fermer ce grand port « aux Anglais. Je devrais vous attaquer par la force ; mais, comme « répandre le sang répugne au grand cœur de l'empereur Napoléon et « au caractère français, si vous consentez à ne point tenir vos troupes « réunies, si vous les mettez dans des lieux où elles ne puissent point « causer d'inquiétudes, si vous nous recevez comme auxiliaires, jus- « qu'à ce que les négociations entamées à Paris soient terminées, j'ai « ordre d'y consentir. »

Par ce moyen, il est possible que le général Junot arrive à Lisbonne comme auxiliaire. On calculera ici le jour de son arrivée à deux jours près, et vingt-quatre heures après, un courrier partira pour lui annoncer que les propositions du Portugal ne sont pas acceptées, et que le pays doit être traité comme ennemi. Huit ou dix vaisseaux de guerre et les chantiers seraient d'un immense avantage pour nous. Tous les discours du général Junot doivent donc se tourner vers l'exécution de ce grand projet. On est porté à croire qu'il réussira, parce qu'il n'est pas probable que le Portugal veuille résister ; on croit encore moins que le prince veuille aller au Brésil.

La convention secrète conclue avec l'Espagne, et que le premier courrier portera au général Junot, lui fera connaître qu'il est convenu que les troupes espagnoles qui feront partie de son armée seront sous son commandement ; que, si le roi d'Espagne ou le prince de la Paix se rendaient à l'armée, ils en auraient le commandement en chef ; mais il a été convenu qu'ils n'y viendraient pas. S'ils y venaient pour une parade, le général Junot leur rendra tous les honneurs dus aux généraux en chef ; mais, s'ils y venaient pour y rester, le général Junot doit tenir strictement à ses instructions de garder ses troupes réunies, de ne faire aucun détachement et de marcher droit sur Lisbonne.

Mon intention est que le général Junot ne s'éloigne en rien de la ligne directe, qu'il n'aille ni à Madrid ni ailleurs et que, du moment que son premier corps de troupes sera arrivé à Ciudad-Rodrigo, il y soit de sa personne.

L'opération du général Junot aura vraiment réussi si, par sa prudence, ses bons propos, il se rend maître de l'escadre portugaise. Il doit tirer parti de sa nomination pour faire entendre qu'il est envoyé pour tout concilier. Tout discours est bon pourvu qu'il s'empare de l'escadre portugaise. Dans aucun cas, il ne doit signer aucune convention avec les Portugais.

L'opération ne réussit pas aussi complètement que le désirait Napoléon. L'armée de Junot, qui était entrée en Espagne dès le 17 octobre, reçut à Salamanque l'ordre de marcher sans relâche et quitta cette ville le 12 novembre. Elle s'achemina par Ciudad-Rodrigo vers Alcantara et la frontière du Portugal, à travers un pays montagneux, pauvre, habité seulement par des chevriers, où les vivres firent défaut et où l'armée souffrit mille tourments. Le temps était devenu affreux ; les torrents débordés arrêtaient la marche ; un grand nombre de soldats s'égarèrent et ne parvinrent à Alcantara qu'à grand'peine. La route ne fut pas moins pénible jusqu'à Abrantès, où l'on arriva le 24 novembre. Mais, dans cette ville, riche et peuplée, les soldats trouvèrent des vivres en abondance, des vêtements et des souliers. Jusque-là aucune résistance ne s'était produite, grâce aux paroles de paix que Junot répandait partout et grâce aussi à la renommée des immortelles victoires que, depuis quinze ans, les troupes françaises avaient remportées sur toute l'Europe. Tandis que les nombreux trainards rejoignaient l'armée à Abrantès et s'y refaisaient de leurs fatigues, le général en chef, désireux d'exécuter au plus vite les ordres de l'Empereur, organisait une colonne d'élite de quatre mille hommes pour gagner Lisbonne à marches forcées. Le 27, il se mit en route, et le 1er décembre il entrait, avec quinze cents grenadiers seulement, dans la capitale du Portugal, ville de trois cent mille âmes, tandis que l'armée portugaise, forte de vingt-cinq mille hommes, n'osait bouger des cantonnements qu'elle occupait dans le voisinage. C'était là un coup d'audace inouï, que Junot aurait pu payer cher si quelque

homme énergique avait pris en main la défense du pays. Mais
tout resta dans le calme. Par malheur, l'escadre portugaise avait
échappé; le 28 novembre, elle avait franchi la barre du Tage et
fait voile vers le Brésil, emmenant le prince régent, la famille
royale, une grande partie de la noblesse et les trésors de la couronne. Junot s'empressa de consolider sa situation. L'armée re-
joignit peu à peu la tête de colonne. Le général mit sans retard
une garnison dans les forts, désarma et licencia l'armée
portugaise, prit en main l'administration du pays. Jusqu'au
18 décembre, tout alla bien; il se produisit alors dans la
capitale quelques velléités d'insurrection qui furent vite répri-
mées. Il en rendit compte à Napoléon, qui lui répondit le 7 janvier 1808 :

Je reçois votre lettre du 21 décembre. Je vois avec peine que, depuis
le 1er décembre, jour de votre entrée à Lisbonne, jusqu'au 18, où ont
commencé à se manifester les premiers symptômes d'insurrection,
vous n'ayez rien fait. Je n'ai cependant cessé de vous écrire : « Désar-
« mez les habitants; renvoyez toutes les troupes portugaises; faites
« des exemples sévères; maintenez-vous dans une situation de sé-
« vérité qui vous fasse craindre. » Mais il paraît que votre tête est
pleine d'illusions, et que vous n'avez aucune connaissance de l'esprit
des Portugais et des circonstances où vous vous trouvez. Je ne reconnais pas là un homme qui a été élevé à mon école. Je ne doute pas
que, en conséquence de cette insurrection, vous n'ayez désarmé la ville
de Lisbonne, fait fusiller une soixantaine de personnes et pris les
mesures convenables. Toutes mes lettres vous ont prédit ce qui commence à vous arriver et ce qui vous arrivera bientôt. Vous serez honteusement chassé de Lisbonne, aussitôt que les Anglais auront opéré
un débarquement, si vous continuez à agir avec cette mollesse. Vous
avez perdu un temps précieux, mais vous êtes encore à temps.
J'espère que mes lettres, que vous aurez reçues successivement, vous
auront fixé sur le parti à prendre, et que vous aurez adopté des mesures fortes et vigoureuses, sans vous repaître d'illusions et de ba-
vardages. Vous êtes dans un pays conquis, et vous agissez comme si
vous étiez en Bourgogne. Je n'ai ni l'inventaire de l'artillerie ni celui
des places fortes; je ne connais ni leur nombre ni leur situation; je
ne sais pas même si vous les occupez. Vous n'avez pas encore envoyé
au ministre la carte de vos étapes depuis Bayonne jusqu'à votre
première place forte, ni aucune note sur la situation du pays. J'avais
cependant de fortes raisons de le désirer. Enfin je suis porté à croire
que mes troupes ne sont pas encore dans Almeida. S'il arrivait quel-

que événement, vous vous trouveriez bloqué par les Portugais. Il y a dans tout cela une singulière imprévoyance.

Ce que prévoyait l'Empereur devait seulement se produire lorsque la révolte de l'Espagne aurait jeté sur les bras de Napoléon une guerre effroyable. Pour le moment, les Portugais se montraient assez dociles, et la saison empêchait les Anglais de songer à un débarquement. L'administration de la conquête était l'affaire importante, et c'est à ce sujet que fut écrite cette lettre du 28 janvier, non insérée dans la *Correspondance* :

J'ai fixé le traitement de l'administrateur général des finances du Portugal à cent mille francs, et je lui ai accordé cinquante mille francs pour frais de premier établissement. J'ai lu son rapport ; il propose deux choses :

1° De ne pas diviser le royaume. C'est bien mon intention. Je vous ai déjà fait connaître, et je vous réitère, que l'administration doit être une et entière, jusqu'à ce que les circonstances permettent de publier le traité et de partager le pays. Prenez donc des mesures pour l'exécution stricte de cette disposition.

Le traité auquel il était fait allusion dans cette première partie de la lettre est le traité secret signé à Fontainebleau le 17 octobre, dont nous avons parlé ci-dessus. Napoléon s'était toujours opposé à ce qu'il fût divulgué, sans doute avec l'arrière-pensée que les événements obligeraient à en modifier la teneur ou en empêcheraient l'exécution. Néanmoins, il lui avait valu l'appui de l'Espagne dans son expédition de Portugal et l'envoi de deux divisions espagnoles pour soutenir Junot. — L'Empereur continuait ainsi sa lettre, et ordonnait, à propos de la dette publique du Portugal, l'application de ses mesures habituelles en pareil cas :

2° Il porte la dette consolidée à cent soixante millions, et la dette non consolidée à quatre-vingts millions. Ma réponse à cela est qu'il ne faut pas payer un sol, sans cependant rien méconnaître ; mais, jusqu'à ce que le sort du Portugal soit fixé, il ne faut pas s'occuper de cet objet, pas plus qu'on ne s'en est occupé à Vienne et à Berlin. Lorsque le sort du pays sera décidé, on verra alors ce qu'on fera de la dette. Si l'intérêt des cent soixante millions est à 5 %, c'est une économie de huit millions que vous faites. Vous avez de la liste civile, des dépenses pour l'armée portugaise. Envoyez toutes les troupes en France, et réduisez ces dépenses à très peu de chose. Les dépenses de l'intérieur doivent diminuer en temps de guerre. En ôtant les dépenses de la dette publique, de la guerre, de la marine, de l'intérieur, les paiements doivent être réduits à bien peu de chose, et les revenus doivent vous rester presque entiers pour nourrir et entretenir mon armée....

Attendez-vous à être chicané et troublé ce printemps dans votre conquête. Vous êtes souverain pendant ces deux mois. Si vous n'en profitez pas, vous vous repentirez de votre négligence ; le mal sera sans remède. Désarmez, mais entièrement, le pays, occupez les forteresses, faites diriger des batteries de mortiers contre les villes, armez et approvisionnez les forts pour qu'ils puissent être gardés par tout le monde, éloignez les hommes marquants, punissez sévèrement les moindres fautes. Vous êtes le maître de faire tout cela pendant février et mars. Si vous attendez un débarquement, il en coûtera du sang pour tout apaiser....

Si j'avais besoin de deux divisions de cinq mille hommes, ayant douze pièces de canon attelées, pour se porter, l'une sur Badajoz, et l'autre sur Alcantara, pourriez-vous me les fournir, l'hiver, sans que cela influât sur la tranquillité du pays ? En cas que vous ne pourriez pas en fournir deux, pourriez-vous en fournir une de six mille hommes? Combien de jours mettraient-elles pour se rendre à leur destination? Quel est le nombre de troupes qui sont à Porto et sur le bas de la [Galice] [1] espagnole? S'il y avait des événements inattendus avec l'Espagne, que pourriez-vous craindre de ses troupes, et pourriez-vous facilement vous en débarrasser? Vous seriez, dans cette supposition, favorisé par les habitants du pays.

Ne soyez pas assez faible et assez imbécile pour laisser manquer d'argent vos services et vos troupes. Ayez plusieurs centaines de milliers de biscuit, soit en retraite, soit en avant. Doublez les attelages de votre artillerie. Il y avait au service du Portugal des Suisses et des étrangers qui pourraient vous servir à cela. Vous pourriez même y employer quelques bataillons du pays.

C'est encore sur l'administration et la garde du pays que roule la lettre qui suit, supprimée également, on ne sait trop pour quel motif :

Paris, 29 février 1808.

Je vois avec plaisir que vous avez désarmé la ville de Lisbonne et le pays, et que vous accélérez l'envoi en France des troupes portugaises; mais je vois avec peine que vous n'ayez pas d'autre moyen d'incendier la ville et de la réduire, si elle se révoltait, que vos bâti-

[1] Ce mot est en blanc dans l'original.

ments de mer ; c'est une pauvre et triste ressource. Il vous faut une bonne citadelle qui, si peu forte qu'elle soit, puisse, avec une garnison de quatre à cinq cents hommes, être imprenable pour la populace. Elle doit contenir des mortiers et des vivres. La nouvelle de l'établissement de cette citadelle me donnera seule la confiance et la sécurité nécessaires.

Il n'y a pas de doute que vous devez tenir à Lisbonne un grand état. J'ai autorisé la mise à votre disposition, pour frais de représentation et dépenses secrètes, de 50,000 francs par mois et d'une autre somme de 50,000 francs par mois pour être donnée comme traitements extraordinaires, dépenses secrètes, etc., aux généraux, commandants de place et officiers chargés de missions. Par ce moyen, vous aurez de quoi satisfaire à vos besoins.

Enfin, dans une lettre du 7 mars, publiée dans la *Correspondance* sous le nº 13607, on a supprimé le passage suivant, qui montrait trop clairement la diplomatie peu loyale de Napoléon :

Une de vos divisions doit contenir la division [espagnole] de Galice. Vous ne manquerez pas d'insinuer dans la conversation, mais sans rien ébruiter, que mes différends avec l'Espagne viennent de ce que je ne veux pas diviser le Portugal, dont elle veut donner la moitié au prince de la Paix et l'autre moitié à la reine d'Étrurie. Si ces bruits font effet sur les Portugais, de manière à ce que vous croyiez pouvoir en tirer parti, vous pourriez en employer la moitié à Elvas, et la moitié à Almeida pour contenir la division espagnole de la Galice. Votre communication étant interceptée, vous devez agir selon les circonstances et les nouvelles que vous apprendrez.

Déjà, à cette époque, divers soulèvements de peu d'importance s'étaient produits dans la Vieille-Castille et dans le royaume de Léon ; les courriers de Lisbonne passaient difficilement, et Junot se trouvait livré à sa propre initiative. Les affaires d'Espagne d'ailleurs se précipitaient. Le 17 mars, la populace d'Aranjuez massacrait à demi le prince de la Paix, et Napoléon, tout aux graves événements qui allaient se dérouler, ne songeait plus guère au Portugal, où les Anglais ne tardaient pas à opérer un débarquement. La guerre de Portugal n'est plus dès lors qu'un épisode de la guerre de la Péninsule.

II.

LE CHANGEMENT DE DYNASTIE EN ESPAGNE

Les causes et les préliminaires de la guerre d'Espagne sont trop connus, ont été trop souvent racontés dans les mémoires contemporains ou par les historiens de notre époque, pour qu'il soit nécessaire de les exposer en détail. Après avoir hésité long-temps, Napoléon songeait très sérieusement à détrôner la dy-nastie espagnole et à lui substituer un prince de sa maison. Mais, pour que ce changement de monarque s'accomplît sans trouble, il était indispensable qu'une force militaire imposante occupât le pays et les places fortes. Cette opération était déjà commencée en partie : sous prétexte de soutenir l'armée de Portugal, un corps d'armée, commandé par le général Dupont, était entré dans les provinces basques et dans la Vieille-Castille et avait occupé Vittoria et Burgos. Le 20 février 1808, Napoléon donna l'ordre à Murat de partir dans la nuit pour Bayonne, afin d'y prendre le commandement en chef des troupes françaises destinées à opérer en Espagne. Murat passa la frontière le 10 mars, tandis que le général Duhesme entrait de son côté en Catalogne, s'établissait à Barcelone et occupait par surprise la citadelle. C'est à propos de ce général que fut écrite à Murat la première lettre relative à la guerre d'Espagne que nous ayons trouvée omise dans la *Correspondance* :

Paris, 10 mars 1808.

Je reçois votre lettre du 7, avec la dépêche du général Duhesme. Le général Duhesme étant maître de la citadelle de Barcelone n'a rien à craindre. Vous avez eu tort de lui donner l'ordre de s'emparer de Figuières. Vous lui recommandez de concentrer ses troupes, et vous lui ordonnez de prendre Figuières. Ces deux ordres sont contradic-toires. Mon intention est qu'il reste réuni avec toute sa division dans Barcelone. Il doit avoir un payeur, des commissaires des guerres et ses dix-huit pièces d'artillerie. Il a d'ailleurs des commissaires des guerres italiens, et on peut très bien vivre sans payeur. Ainsi il est parfaitement organisé. Quant aux inspecteurs aux revues, que diable voulez-vous qu'il en fasse en campagne? Il n'a qu'à en faire les fonc-tions lui-même.

Il n'y a aucun mécontentement à Barcelone. Le général Duhesme est une commère. On donne des coups de stylet à des Napolitains [1] ; c'est dans le caractère des habitants. Du reste, on est bien disposé, et, quand on a la citadelle, on a tout....

Napoléon avait craint que la famille royale d'Espagne, malgré les dissensions intestines qui la divisaient, n'imitât l'exemple de la cour de Portugal et n'abandonnât l'Espagne pour se retirer dans ses colonies d'Amérique. L'entrée sur son territoire d'une armée de plus de cent mille hommes, sans nécessité apparente et sans but avoué, la saisie de toutes les forteresses et places fortes, la marche rapide de Murat vers Madrid et les réponses évasives que ce général d'un côté, Napoléon de l'autre, faisaient aux questions et aux représentations du gouvernement espagnol, tout cela était bien fait pour causer une extrême frayeur au faible Charles IV et à son favori le prince de la Paix. Le prince des Asturies, Ferdinand, plus hardi, certes, et plus aimé du peuple que son père, mais génie médiocre et esprit indécis, ne voyait pas d'un meilleur œil cette invasion des Français. Pour empêcher l'exode de la cour espagnole, l'Empereur avait envoyé, par une voie sûre et rapide, au vice-amiral Rosily, qui, depuis plusieurs mois, se trouvait bloqué à Cadix avec une escadre par la flotte anglaise, l'ordre de prendre dans la rade une position qui lui permît, le cas échéant, d'empêcher toute sortie du port, et surtout de s'opposer, même par la force, à l'embarquement et au départ de la famille royale.

Il ne suffisait pas d'avoir paré à cette éventualité. Ces riches colonies d'outre-mer, le Mexique, le Pérou, le Chili, le territoire de la Plata, Napoléon tenait extrêmement à les conserver à l'Espagne, après le changement de dynastie. Il savait bien que, du jour où les Bourbons seraient tombés du trône de Madrid, ces pays deviendraient la proie de l'Angleterre ; mais il regardait comme très avantageux que ces colonies n'en vinssent pas à se révolter et à appeler les Anglais ; il aurait voulu même que, par loyalisme, elles restassent fidèles à la mère patrie et tentassent de résister aux entreprises anglaises. Pour atteindre

[1] Quelques soldats des régiments napolitains qui se trouvaient dans le corps du général Duhesme avaient été assassinés à Barcelone. Mais, comme le dit l'empereur, c'était une suite de la haine séculaire qui existait entre les Catalans et les Napolitains, et ces attentats n'étaient pas dirigés contre les Français.

ce but, il donna l'ordre au ministre de la Marine d'envoyer dans ces pays un agent intelligent et énergique. L'amiral Decrès crut entrer dans la pensée de l'Empereur en rédigeant des instructions précises et détaillées ; les ayant soumises à Napoléon, il en reçut le lendemain la réponse suivante :

Saint-Cloud, 26 mars 1808.

Je vous renvoie vos instructions. Ce que vous dites est inutile à écrire et doit être dit de vive voix à l'agent que vous enverrez. Il faut lui écrire ostensiblement : « Vous irez à Montevideo ; vous y ferez votre « débarquement, et, aussitôt qu'il arriverait des nouvelles d'Espagne « qui pourraient inquiéter les colonies, ou si vous les trouviez déjà « inquiétées, vous vous présenterez devant les autorités, vous leur « ferez connaître qu'elles n'ont rien à craindre, que nous sommes les « amis des Espagnols, et que vous les engagez à se conduire d'une « manière convenable et à rester tranquilles. » Il n'y a pas autre chose à dire.

En même temps, il prescrivait des mesures d'un autre ordre pour empêcher que les événements d'Espagne ne s'ébruitassent trop vite. Les puissances européennes, si elles avaient connu rapidement ce qui se passait au delà des Pyrénées, auraient pu lui susciter bien des embarras. Il fallait à tout prix éviter toute complication jusqu'à ce que le fait accompli et l'occupation totale du pays par l'armée française ne permissent plus à l'Europe d'agir efficacement. Pour arriver à ce résultat, il y avait un moyen simple, sinon honnête ; c'est pourquoi il écrivit le 29 mars à M. de Lavalette, directeur général des postes :

Il est nécessaire d'arrêter à la poste toutes les lettres des ministres étrangers qui résident à Madrid. Il faut les retenir une quinzaine de jours ; on les laissera passer après ce délai.

Le déchiffrement des dépêches du sieur Henry, chargé des affaires de Prusse à Madrid, serait très essentiel dans les circonstances actuelles.

Il est nécessaire aussi de retarder toutes les lettres venant d'Espagne et adressées à la division espagnole qui est sous les ordres du prince de Pontecorvo [1]. Prenez des mesures pour cela ; vous me ferez connaître ce que vous aurez fait. Il faut apporter une vingtaine de jours de retard dans le passage de ces lettres, et les faire visiter attentivement pour en ôter toutes celles d'un mauvais esprit.

[1] Dans les provinces baltiques.

Ces mesures exceptionnelles étaient commandées par les graves événements qui venaient de se produire dans la péninsule. Le 17 mars, la populace d'Aranjuez, où se trouvait la cour, s'était soulevée contre le prince de la Paix, avait envahi son palais, et il n'avait échappé à la mort que couvert de blessures et grâce au dévouement des gardes du corps. Le 19, Charles IV, affolé par cette révolte, avait abdiqué, et Ferdinand VII avait été proclamé roi aux acclamations du peuple. Mais le vieux souverain n'avait pas tardé à regretter cette détermination prise sous l'empire de la terreur; il protestait contre son abdication forcée et avait demandé, par l'intermédiaire de la jeune reine d'Étrurie, sa fille, la protection de Murat. Celui-ci s'était aussitôt dirigé à marches forcées sur Madrid, où il était entré le 23 mars. Conformément à ses instructions, Murat temporisa et ne prit pas parti entre le roi et son fils. Il leur conseilla de s'en remettre à la décision de Napoléon, et se contenta d'occuper fortement Madrid et ses alentours et d'assurer la tranquillité de la capitale par d'énergiques mesures de police.

La nouvelle de la révolution d'Aranjuez décida Napoléon à se rapprocher du théâtre des événements. Le 2 avril, il quittait Saint-Cloud et se rendait en poste d'abord à Bordeaux, puis à Bayonne, où il s'installa le 14. Il entrevoyait alors le moyen de terminer selon ses désirs les affaires d'Espagne; il fallait attirer Ferdinand à Bayonne pour s'emparer de lui et l'empêcher d'agir. Quand on n'aurait plus devant soi que le faible Charles IV, il serait facile d'arracher la couronne à ses mains débiles. La seule difficulté était de décider Ferdinand à se rendre auprès de l'Empereur. Pour cette mission délicate, Napoléon jeta les yeux sur le général Savary, qui devait, l'année suivante, remplacer Fouché au ministère de la Police générale. C'était un homme souple et adroit, dont l'Empereur avait déjà éprouvé l'habileté en plusieurs circonstances. Il lui dévoila ses projets et le fit partir immédiatement pour Madrid; il s'agissait d'amener le prince à venir soumettre à Napoléon le différend qui existait entre son père et lui.

Savary, aidé de Murat, réussit dans sa mission. Désireux de se concilier l'appui de son tout-puissant voisin et de faire reconnaître sa royauté récente, Ferdinand accepta sans difficulté d'aller au-devant de lui; car Savary avait prétendu qu'il ren-

2

contrerait l'Empereur sur la route de Madrid. Jusqu'à Burgos,
le voyage s'accomplit lentement, mais sans encombre, au
milieu de l'enthousiasme des populations qui acclamaient Ferdinand VII. Mais, arrivé dans cette capitale de la Vieille-Castille,
le prince, ne recevant aucune nouvelle de Napoléon et un peu
effrayé de se trouver au milieu des armées françaises, refusa
d'aller plus loin. Il fallut toute l'éloquence et l'adresse de Savary pour le décider à gagner Vittoria. Là, il apprit que Napoléon n'avait pas passé la frontière, et quoi que pût dire Savary,
il persista dans sa résolution de ne pas s'avancer davantage.
Devant cette résistance, le général prit le parti d'aller demander
des instructions à l'Empereur. Quelques jours plus tard, il revenait chargé pour Ferdinand d'une lettre insidieuse qui devait
l'attirer presque à coup sûr à Bayonne. Dans le cas où le prince,
pris de peur, serait revenu en arrière, le maréchal Bessières,
qui commandait à Burgos, avait ordre de s'assurer de sa personne, et Napoléon écrivait dans le même sens à Murat, le jour
même du départ de Savary :

Bayonne, 17 avril 1808.

Savary part au moment même. Il se rend auprès du prince des
Asturies; il lui porte la lettre dont copie est ci-jointe[1]. Je le charge de
vous écrire de Vittoria tout ce qui se passe. Si le prince des Asturies
vient à Bayonne, vous avez le temps de recevoir des ordres sur ce
que vous avez à faire. Si le prince des Asturies retourne à Burgos,
je donne des ordres convenables à Bessières. S'il retourne à Madrid,
vous enverrez à sa rencontre et vous le ferez arrêter, et, s'il y a lieu,
vous publierez la lettre que je vous envoie et la protestation du roi
Charles, et vous forcerez O'Farill et les autres, et surtout l'infant
don Antonio, à prêter serment au roi Charles. Vous ferez faire par le
grand inquisiteur une proclamation pour faire connaître que le roi
Charles ayant protesté contre son abdication, c'est lui qui est roi.
Agissez vigoureusement : les gouverneurs, les intendants, les évêques
doivent répondre des désordres qui se commettraient dans les com-
munes et villages. Vous devez déclarer que je reconnais le roi
Charles IV, que je garantis l'intégrité des Espagnes, que le prince
de la Paix est exilé, et que je me charge d'assister le roi Charles de
mes conseils et des forces de mon empire pour la bonne organisation
de son royaume ; que le sort de l'Espagne est entre les mains des
Espagnols. Vous ferez faire des pamphlets et des articles de journaux

[1] Voyez *Correspondance*, n° 13750, lettre du 16 avril.

pour diriger les esprits dans ce sens. Si le prince des Asturies reste à Vittoria avec Savary, il vous fera connaître ce qui se passera. Si les communications sont libres et que rien ne presse, vous attendrez mes ordres. Si le prince des Asturies vient à Bayonne, que les communications soient interrompues par des brigandages et qu'il y eût urgence, vous ferez imprimer ma lettre et la protestation, vous déclarerez que vous reconnaissez Charles IV, et la protestation sera envoyée par mon chargé d'affaires à tous les ministres. Mais j'espère que cela n'arrivera pas, que le prince des Asturies viendra à Bayonne, et que je pourrai diriger tout : ce que je désire beaucoup à cause d'une circonstance aussi délicate, qui demande tant de connaissance de la position où je me trouve.

J'apprends, par votre lettre du 12, que le roi Charles IV est parti de l'Escurial le 14 ; il sera donc aujourd'hui ou demain à Burgos. Je serai fort aise de le voir ici.

Si jamais on en venait à un éclat, vous feriez connaître dans les journaux que l'armée française était venue en Espagne pour une expédition d'Afrique, et que je devais la diriger moi-même de Madrid ; que le prince de la Paix, pensant que je voulais conseiller son roi, et peut-être le conseiller mal pour lui, s'est effarouché, et que c'est là la cause de tout ce qui est arrivé.

Le prince de la Paix, Manuel Godoy, favori de Charles IV et surtout de la reine Marie-Christine, auquel Napoléon faisait allusion dans le dernier paragraphe de la lettre précédente, était, depuis les événements d'Aranjuez, entre les mains de Ferdinand, son mortel ennemi. Celui-ci l'avait fait transporter au château de Villaviciosa. Il y était gardé étroitement, et l'on commençait à instruire son procès. Murat aurait voulu l'arracher à ses ennemis, et en cela il était d'accord avec les désirs de l'Empereur ; non pas que Napoléon l'estimât, il avait pour ce favori sans talents un réel mépris, mais ses malheurs d'une part, d'autre part le désir d'user de son influence sur Charles IV pour amener celui-ci à ses fins, avaient disposé favorablement l'Empereur à son égard. Il voulait que ce ministre pût venir aussi à Bayonne, et il était contraire à ses desseins de le discréditer aux yeux de la France et de l'Europe. C'est ce motif qui lui fit adresser au ministre de la Police la lettre suivante, omise dans la *Correspondance* :

Bayonne, 21 avril 1808.

Le *Publiciste* et le *Journal des Débats* s'attachent à mettre dans leurs feuilles tout ce que la calomnie a de plus atroce et de plus vil, même ce qu'il y a de plus bête, contre le prince de la Paix. Les ennemis de ce prince font imprimer cela en Espagne comme tiré des journaux français. Faites faire de nombreux articles où, tout en traitant légèrement ce ministre, on fasse sentir la bassesse de ces imputations.

Le fait est que, de son immense fortune, on n'a pas encore trouvé un sol, qu'il n'avait aucune correspondance avec les Anglais, que la flotte qu'on disait qu'il envoyait aux Anglais, il l'avait dirigée sur Toulon, qu'il peut avoir mal administré les Espagnes, mais qu'il est vrai de dire qu'elles sont entières, lorsque la plus grande partie des États de l'Europe sont diminués et ont fait des pertes. C'est moins par intérêt politique que parce que je trouve affreux de se déchaîner contre les malheureux. Je désire qu'on ne permette pas aux journaux d'être l'instrument de ces plates calomnies. Le *Journal des Débats* se distingue surtout par les bêtises qu'il ne cesse de mettre.

Le 25 avril, il revenait encore sur le même sujet et écrivait à Fouché :

Faites tourner en ridicule les articles des journaux qui prétendent qu'on a trouvé quatre cents millions chez le prince de la Paix. Faites dire qu'on n'a pas trouvé un sol; que, si le gouvernement a trouvé tant d'argent, on lui en fait compliment; qu'il a donc de quoi payer la solde de ses troupes. Le fait est que le prince de la Paix n'a rien en Angleterre, en Italie, en France, à Gênes; qu'on n'a pas trouvé chez lui la valeur d'un million en diamants et en argent journalier.

Quelques jours auparavant, il avait ordonné au grand-duc de Berg de se faire remettre Godoy pour l'envoyer à Bayonne, en promettant qu'il serait à jamais exilé d'Espagne; en cas de refus de la junte de régence, Murat devait employer la force pour délivrer le prince. On fut sur le point d'en venir à cette extrémité. Enfin la junte céda, et le prince de la Paix, escorté d'un détachement de cavalerie française, put partir pour Bayonne, où il arriva le 26 avril. Le 23, Charles IV et la reine avaient quitté l'Escurial, se dirigeant, eux aussi, vers Bayonne; un aveuglement incompréhensible poussait les Bourbons d'Espagne à venir se mettre entre les mains de leur ennemi. Les événements allaient se précipiter vers la solution où les dirigeait l'habileté consommée, il faudrait plutôt dire la fourberie de Napoléon. Il y avait lieu de prendre à Madrid des mesures énergiques pour maintenir l'ordre et assurer sans difficultés le changement de dynastie. Aussi Murat recevait-il coup sur coup les trois lettres suivantes, que les éditeurs de la *Correspondance* ont cru devoir laisser de côté :

Bayonne, 26 avril 1808.

Je viens de voir le prince de la Paix, que j'ai entretenu une heure. Il serait nécessaire que vous lui fissiez envoyer à Bayonne ses enfants, les autres personnes de sa famille et ses effets. Je l'ai bien reçu, parce qu'il est malheureux et qu'il a été traité d'une manière atroce.

Je vous ai écrit cette nuit. Il est temps de montrer l'énergie convenable. Je suppose que vous n'épargnerez pas la canaille de Madrid, si elle remue, et que, immédiatement après, vous la ferez désarmer. Je vous laisse le maître de faire arrêter les gardes du corps et de les désarmer. Toutefois, s'il y a une émeute, il est nécessaire que vous fassiez arrêter et fusiller dix des plus coupables.

Je reçois votre lettre du 23 à minuit. Vous avez commué la peine d'un soldat condamné à mort en celle de cinq ans de fers ; vous n'avez pas ce droit. Ne vous permettez plus à l'avenir de pareils écarts. Vous pouvez vous permettre ces actes dans les troupes de Berg, mais non dans les troupes françaises. Tenez ce soldat en prison jusqu'à ce que le conseil privé ait fait connaître son opinion. J'ai envoyé sa demande au grand juge.

Je vous ai fait connaître par ma lettre d'hier que vous devez faire imprimer dans la *Gazette de Madrid* la protestation du roi Charles à la régence et la résolution qu'a prise celle-ci. La raison que vous ne trouvez pas d'imprimeurs est misérable. Je vous ai écrit de vous emparer du gouvernement. Quand on est à la tête de cinquante mille hommes, on n'écrit pas ce que vous avez écrit à l'infant Don Antonio, et on ne prend pas des voies d'intrigue. Le roi Charles ayant protesté, je ne connais pas de roi Ferdinand ; le roi Charles est seul roi d'Espagne. Veillez à ce qu'on n'imprime et ne fasse rien contre la tranquillité publique et servez-vous des journaux pour donner la direction convenable à l'opinion.

Votre ordre du jour aux soldats sur l'affaire de Burgos est misérable. Bon Dieu ! où en serions-nous, si je devais écrire quatre pages aux soldats pour leur dire de ne point se laisser désarmer, et citer comme un trait héroïque qu'un poste de quinze hommes ait fait feu sur la canaille. Le Français a trop d'esprit pour ne pas se moquer de pareilles proclamations : vous n'avez point appris cela à mon école. Que ferez-vous dans les moments critiques, si vous prodiguez ainsi les proclamations ? Il ne fallait que trois mots : « La canaille de Ma-« drid est en mouvement ; une insurrection a lieu. Le premier soldat

« qui se laissera désarmer ou forcer sa consigne sera déclaré indigne
« de faire partie de l'armée. » Encore je doute que cela fût nécessaire.
Vous avez commis un acte funeste à la discipline en ne cassant pas
l'officier qui a remis les deux soldats à la canaille. Je comptais le dé-
grader à la tête de l'armée à mon arrivée à Madrid, et vous avez eu
très grand tort de lui accorder sa grâce. Votre proclamation m'a fait
rougir. Si c'est Belliard qui l'a faite, témoignez-lui-en mon mécontentement. Pour mettre en ordre la ville de Madrid, il faut trois mille
hommes et dix pièces de canon. Trois ordres du jour comme celui
que vous avez fait démoralisent une armée.

Bayonne, 28 avril 1808, à cinq heures du soir.

Je vous envoie mille exemplaires du *Journal de Bayonne*. Vous
pouvez les répandre sans affectation et sans les afficher. Il serait convenable que la junte fît à ce sujet une proclamation, par laquelle elle
fît connaître que le roi Charles a protesté et que, avant de partir de
l'Escurial, il a renouvelé sa protestation à la régence ; que le roi
Charles doit être arrivé à Bayonne ; que les deux souverains s'en
sont entièrement remis à l'Empereur pour le jugement de cette grande
querelle ; que l'intérêt des Espagnes est de rester unies d'intérêts à
la France ; que déjà S. M. l'Empereur a autorisé la junte à faire connaître que l'intégrité et l'indépendance de l'Espagne seraient garan-
ties, ainsi que la conservation de tous les privilèges ; que, si les
Espagnols jugent nécessaires quelques changements dans leur cons-
titution, ils ne seront faits que de leur gré, et d'après leurs lumières
et leur opinion. Si la junte se refuse à faire cette proclamation, faites-
la vous-même, en français et en espagnol....

Vous ne manquerez pas d'engager les archevêques de Madrid et de
Tolède à faire des mandements pour exhorter à avoir confiance en
moi ; et vous ferez entendre aux meneurs du clergé et de la noblesse
que la conservation de leurs privilèges dépendra de la conduite qu'ils
tiendront envers moi. Écrivez aussi aux chefs des ordres religieux
qui doivent se trouver à Madrid. Enfin faites faire des articles de
gazette dans le même sens, pour que le public sache bien que le roi
Charles a protesté ; que c'est une querelle entre le père et le fils ;
qu'on attende avec confiance l'issue des événements ; que je rendrai
un jugement d'arbitrage, où je déciderai tout pour le changement de
couronne.

Bayonne, 30 avril 1808, à trois heures après midi.

Le roi Charles est arrivé à Irun. Je l'attends dans deux heures ici.
Berthier a été à sa rencontre jusqu'à la frontière. Le prince de la
Paix est ici et commence à se remettre.

Il n'y a aucun ménagement à garder. Je vous ai écrit de prendre le commandement des troupes. Envoyez près de Caraffa et de Solano pour leur faire connaître que ce doit être comme cela ; vous pouvez leur faire envoyer la note de Champagny. Envoyez la reine d'Étrurie, envoyez les infants ; ils ne peuvent plus rester à Madrid ; mais qu'ils partent jour et nuit *(sic)*. Vous direz à Don Antonio qu'il y a un ordre de Charles IV pour qu'il vienne sans délai. Il n'y a pas de presse à faire venir les Espagnols : tous ceux qui sont ici sont mauvais. Il est nécessaire que, dans ces deux jours-ci, je débrouille ces affaires.

Mon chargé d'affaires doit rester à Madrid. Il rendra compte à M. de Laforest, qui aura rang de ministre, sans avoir cependant aucune communication avec les autorités que par le canal de mon chargé d'affaires.

Je crois vous l'avoir déjà dit : cassez la junte, et qu'elle cesse de gouverner, si elle obéit au roi Ferdinand. Dites-leur que le moindre courrier et compte rendu serait un crime. Surtout que Don Antonio et le reste de la famille partent.

Du moment que j'aurai vu le roi, je vous écrirai. Je suppose que vous êtes maître de la *Gazette de Madrid,* et que vous y faites mettre tous les jours des articles.

Je pense qu'il serait utile de désarmer les gardes du corps et de les mettre à pied. Le roi Charles a fort maltraité ceux qui étaient à Vittoria. Ils s'étaient emparés de son palais ; il les a chassés avec beaucoup d'énergie.

Envoyez un officier au général Junot pour l'instruire de ce qui se passe, et pour qu'il concoure de tous ses moyens à contenir les troupes de Galice et celles de Solano, s'ils faisaient un mouvement sur Madrid.

P.-S. de la main de Napoléon. A sept heures du soir.

Je viens de voir le roi et la reine, qui sont très contents d'être ici. Le roi a fort mal reçu ses enfants. Tous les Espagnols, même l'Infantado, etc., lui ont baisé la main ; mais le vieux roi paraît fort irrité contre eux.

Le prince des Asturies se décida enfin à céder à la force. Le 5 mai, à la nouvelle de la répression sanglante de l'émeute soulevée à Madrid trois jours auparavant, une scène violente eut lieu entre les vieux souverains et leur fils, et Ferdinand consentit à rendre la couronne à son père. Charles IV aussitôt, se reconnaissant impuissant à gouverner l'Espagne, la céda à Napoléon pour en disposer comme il l'entendrait. L'Empereur lui donnait en échange les deux domaines de Compiègne et de Chambord et une liste civile de sept millions et demi. Ferdinand recevait le château de Navarre, près Évreux, et un million de revenu ; chacun des infants, quatre cent mille francs par an. En attendant l'appropriation des châteaux de Compiègne et de Navarre, le vieux roi s'installerait à Fontainebleau, et les infants à Valençay, chez le prince de Talleyrand. Le 9 mai, toutes ces dispositions étant arrêtées, Napoléon écrivit à M. de Talleyrand une lettre, que M. Thiers a publiée en partie dans son *Histoire du Consulat et de l'Empire* [1], mais que les éditeurs de la *Correspondance* n'ont pas cru pouvoir reproduire. La voici tout entière :

Le prince des Asturies, l'infant Don Antonio son oncle, l'infant Don Carlos son frère, partent mercredi d'ici, restent vendredi et samedi à Bordeaux et seront mardi à Valençay [2].

Soyez-y rendu lundi au soir. Mon chambellan Tournon s'y rend en poste pour tout préparer pour les recevoir. Faites en sorte qu'ils aient là du linge de table et de lit et de la batterie de cuisine. Ils auront huit ou dix personnes de service d'honneur, et autant ou le double de domestiques. Je donne l'ordre au général qui fait les fonctions de premier inspecteur de la gendarmerie à Paris de s'y rendre et d'organiser le service de la gendarmerie. Je désire que ces princes soient reçus sans éclat extérieur, mais honnêtement et avec intérêt, et que vous fassiez tout ce qui sera possible pour les amuser. Si vous avez à Valençay un théâtre et que vous fassiez venir quelques comédiens, il n'y aura pas de mal. Vous pourriez y faire venir Mme Talleyrand avec quatre ou cinq femmes. Si le prince des Asturies s'attachait à quelque jolie femme, et qu'on en fût sûr, cela n'aurait aucun inconvénient, puisqu'on aurait un moyen de plus de le surveiller. J'ai le plus grand intérêt à ce que le prince des Asturies ne fasse aucune fausse démarche ; je désire donc qu'il soit amusé et occupé. La farouche politique voudrait qu'on le mît à Bitche ou dans quelque château fort ; mais, comme il s'est jeté dans mes bras, qu'il m'a promis qu'il ne ferait rien sans mon ordre, que tout va en Espagne comme je le désire, j'ai pris le parti de l'envoyer dans une campagne, en l'environnant de plaisirs et de surveillance. Que ceci dure le mois de mai et une partie de juin, alors les affaires d'Espagne auront pris une tournure, et je verrai le parti que je prendrai.

Quant à vous, votre mission est assez honorable : recevoir trois illustres personnages pour les amuser est tout à fait dans le caractère de la nation et dans celui de votre rang. Huit ou dix jours que vous

[1] Tome VIII, p. 620.
[2] Cette terre était louée à Talleyrand pour trois ans, à raison de 50,000 fr. par an (lettre inédite de Napoléon au ministre du trésor public. 19 février 1811).

passerez là avec eux vous mettront au fait de ce qu'ils pensent et m'aideront à décider ce que je dois faire.

Les brigades de gendarmerie seront renforcées, de manière qu'il y ait quarante gendarmes, pour être certain qu'on ne l'enlève pas et mettre obstacle à sa fuite. Vous causerez avec Fouché, qui enverra des agents dans les environs et parmi ses domestiques. Car ce serait un grand malheur que, de manière ou d'autre, ce prince fît quelque fausse démarche.

Il faudrait une garde au château. J'ai pensé que la compagnie départementale pourrait fournir un poste.

Par le traité que j'ai fait avec le roi Charles, je me suis engagé à donner à ces princes 400,000 francs par an. Ils ont plus que cela de leurs commanderies; ils auront donc, à eux trois, trois millions.

Si vous pensez, pour leur faire honneur et pour toutes sortes de raisons, avoir besoin d'une compagnie de grenadiers ou de chasseurs de ma garde, vous en causerez avec le général Walter, et vous la ferez partir en poste. Ci-joint un ordre pour le général Walter.

Charles IV, sa femme, et la reine d'Étrurie, sa fille, d'une part, les trois infants de l'autre, ne tardèrent pas à quitter Bayonne et à s'acheminer à petites journées vers le lieu de leur résidence respective. Le vieux roi ne resta pas longtemps à Fontainebleau ni à Compiègne; le midi de la France lui semblait un séjour plus agréable; il exprima le désir de s'y rendre. Napoléon écrivit alors à Duroc, grand maréchal du palais :

Bayonne, 15 juillet 1808.

Le roi désire aller à Nice. Il peut partir aussitôt qu'il voudra. Il voyagera incognito ou comme roi. Il sera libre de se diriger comme il l'entendra. S'il ne veut pas voyager incognito, on lui rendra tous les honneurs dus à son rang. On lui donnera les escortes qu'il désirera; bien entendu qu'il voyagera à ses frais et qu'il s'établira à Nice à ses frais. Un de ses officiers pourra se rendre à Nice avec une lettre du ministre de l'Intérieur, pour arranger sa maison. Je suppose qu'il prendra une des maisons du faubourg; il y en a, je crois, d'assez grandes. S'il voulait aller à Menton, je ne sais pas si le château du prince de Monaco est en état de le recevoir. Il pourra, au reste, s'y aller promener et verra s'il peut s'y fixer. Je désire que la reine d'Étrurie suive le roi, à moins qu'elle ne préfère aller à Colorno, dans l'État de Parme. Je lui donnerai alors la jouissance de ce château. Je ne désire point qu'elle aille à Paris, non à cause d'elle, mais à cause de son fils. Mais ma volonté ne doit paraître dans cela d'aucune manière. Le sieur Rémusat, auquel vous écrirez pour tous ces arrangements, ne doit agir que par insinuation. A tout prendre, je pense que Colorno conviendrait le mieux. Il me semble que la manière la plus commode et la meilleure de voyager pour le roi serait de l'embarquer sur la Seine et de lui faire gagner Avignon par la Saône. Je vois ces arrangements avec plaisir, parce que je rentrerai dans la jouissance de Compiègne. Au lieu de retarder ce départ, il faut donc que Rémusat l'accélère.

Quant au prince de la Paix, comme c'est un homme de peu de conséquence, il peut vivre à Paris et où il voudra. Rémusat dira qu'il est chargé de donner tous les ordres.

La reine d'Étrurie ne satisfit point au désir de Napoléon. Loin d'accompagner ses parents à Nice, elle resta à Compiègne jusqu'au printemps de 1809. Elle manifesta alors l'intention de se rendre en Italie. Mais Napoléon craignait l'énergie un peu inquiète de cette jeune femme ; il redoutait les intrigues qu'elle pourrait nouer dans un pays dont elle avait été souveraine. Le 27 mars 1809, il donnait ses ordres en conséquence au ministre de la Police :

Paris, 27 mars 1809.

La reine Marie-Louise doit partir de Compiègne le 4 avril pour aller en Italie. Mon intention est qu'on la laisse aller jusqu'à Lyon et que, arrivée dans cette ville, elle change de direction et prenne la route de Nice. Il faudrait faire trouver un ou deux bâtiments prêts pour l'embarquer avec ses voitures et la conduire par eau jusqu'à Avignon, d'où elle se rendra par terre à Nice. Il ne faut pas qu'elle séjourne à Lyon, et les voitures de bagages qu'elle aurait fait partir en avant seront dirigées de Lyon pour se rendre à Nice par terre. La reine recevra à Lyon une lettre du grand maréchal de mon palais qui lui fera connaître que je désire qu'elle se rende dans le Midi, et qu'elle pourra habiter celle des villes de la rivière de Gênes qu'elle préférera, depuis Nice jusqu'à Savone. Elle peut s'établir ou à Menton ou à San-Remo ; elle peut même rester quelques mois à Nice ; mais il faut la détourner de l'idée d'y fixer son séjour définitif. Vous donnerez des ordres dans ces villes pour qu'elle y soit bien traitée. La reine doit renvoyer tous les Toscans qui sont avec elle. Il serait bon de lui attacher un ancien officier, d'une quarantaine d'années, du grade de chef de bataillon ou de capitaine. Cet officier resterait près de sa personne ; il se chargerait de ses affaires et de lui faire toucher sa pension.

Les craintes de Napoléon à l'égard de la princesse furent bientôt justifiées. En mars 1811, la police impériale saisit des lettres chiffrées, qui établirent qu'elle complotait de s'échapper de Nice, où elle se regardait comme prisonnière. L'Empereur commença par supprimer la pension qu'il lui faisait [1], et le 24 avril il écrivait à son sujet à M. Maret, duc de Bassano, ministre des Relations extérieures :

Vous trouverez ci-jointes des pièces relatives à la reine d'Étrurie. Demandez les originaux à la police. Il est nécessaire que vous envoyiez quelqu'un les communiquer au roi Charles à Marseille et au prince Ferdinand à Valençay, pour leur faire connaître les folies de leur fille et sœur. Vous enverrez quelqu'un auprès de cette princesse pour lui demander ce qui l'a portée à cet excès, et lui déclarer qu'elle est fort la maîtresse de se rendre dans le pays qu'elle voudra choisir ; que je pourrais la punir, mais que, après ce trait d'ingratitude, je ne prends plus aucun intérêt à elle. Il sera bon de faire un factum de tout cela, pour pouvoir le montrer à l'ambassadeur d'Autriche et aux ministres de Saxe et de Bavière, et leur faire connaître que je lui ai fait dire qu'elle était maîtresse de s'en aller.

Les agents de la princesse ayant été peu après arrêtés en Italie, les papiers qu'on saisit sur eux montrèrent que le complot ne se réduisait pas à un simple projet de fuite. Crime irrémissible aux yeux de Napoléon, Marie-Louise était en relations avec les Anglais ! Les dispositions de l'Empereur changèrent immédiatement, et, soit par hasard, soit volontairement, deux frégates anglaises ayant, peu de jours après, paru devant Nice, il fit traduire les agents de la princesse devant une commission militaire et la fit elle-même garder sévèrement [2]. Lorsque l'arrêt eut été prononcé, il écrivit au ministre de la Police :

Saint-Cloud, 26 juillet 1811.

Je désire que vous fassiez notifier la sentence de la commission à la reine d'Étrurie. Le jour même, elle sera enlevée et conduite en toute hâte dans une voiture à Rome. Elle n'aura avec elle qu'une femme de chambre et sa fille. Ses papiers seront saisis et envoyés au ministère. Elle sera déposée dans le couvent où se trouve une princesse de Bourbon. Sa fille restera avec elle, et sa femme de chambre. Son fils sera envoyé à Marseille.

C'était à Marseille que s'était retiré Charles IV. Il y végétait

[1] Lettre inédite au ministre du trésor public, 16 mars 1811.
[2] Lettre inédite au ministre de la police, 24 mai 1811.

maigrement ; car, dès la fin de 1809, Napoléon avait réduit des deux tiers la pension que la convention de Bayonne lui assurait. Le 12 novembre de cette année, il avait demandé à M. Mollien, ministre du Trésor public, de lui faire un rapport sur les affaires du vieux roi, sur ce qui lui avait été promis par le traité, ce qu'il avait déjà reçu et ce qui restait encore d'arriéré à lui payer. « Dans la situation actuelle des choses en Espagne, ajoutait l'Empereur, six millions me paraissent une somme très forte, mais il faudrait lui donner quelque chose tous les mois. » Le 20 novembre, après avoir reçu le rapport du ministre, il prenait la décision suivante :

Mon intention est de donner au roi Charles, à dater du 1er novembre 1809, 200,000 francs par mois : ce qui fait donc 400,000 francs pour 1809 et 2,400,000 pour 1810. Je ne change rien pour les autres princes. Vous enverrez le plus promptement possible les 400,000 francs au roi Charles ; mais vous direz que vous n'avez pas d'ordre de lui faire d'autres paiements d'ici en janvier, et, de vive voix, vous ferez entendre à ses agents que, jusqu'à ce que l'Espagne se rétablisse et puisse faire ses paiements, mes finances ne me permettent pas de lui donner plus de 200,000 francs par mois ; que ses paiements sont assurés sur ce taux pour 1810 ; que cela n'a rien de commun avec ses droits, que je reconnais, et qu'on lui soldera aussitôt que cela se pourra.

Napoléon pouvait agir avec cette mauvaise foi envers les vieux et faibles souverains ; il ne concevait aucune crainte à leur égard. Il n'en était pas de même pour le prince des Asturies et les infants relégués à Valençay. C'est le 18 mai qu'ils arrivèrent à ce château qui allait être leur demeure pendant cinq ans et demi, et où l'habile et rusé Talleyrand les attendait. Les premières heures de séjour furent cruelles pour Ferdinand ; il était encore sous le coup des événements de Bayonne, et les regrets de son abdication forcée se faisaient sentir cuisants et amers. Mais, le lendemain ou le surlendemain, une lettre de Napoléon vint le rasséréner. Que disait cette lettre ? nous l'ignorons. La minute ne se trouve pas dans la collection, et le texte en a échappé à toutes nos recherches. Nous la connaissons seulement par une lettre de Talleyrand à l'Empereur, qu'il nous a semblé intéressant de donner ici :

Valençay, 21 mai 1808.

Sire,

L'effet produit par la lettre de Votre Majesté au prince des Asturies est chaque jour plus sensible. Les visages se dérident ; on parle davantage ; les promenades occupent ; on fait des projets de chasse. En tout, il y a moins de raideur dans les maintiens et moins de réserve dans les conversations.

Toutes les mesures de surveillance sont bien prises. Le château et les environs sont de la tranquillité la plus parfaite. Je ne crois pas qu'il y ait un lieu dans le monde où l'on sache moins ce qui se passe en Europe ; car on ne suit que les journaux ; on ne les comprend guère, et on ne les reçoit que deux fois par semaine. Nos habitants du Berry sont en retard sur toutes choses, et surtout sur la politique.

Les princes ont à peu près tout ce qu'ils peuvent désirer. Mme de Talleyrand leur fait faire de la musique tous les jours ; les boléros, fandangos, etc., se font entendre de tous côtés. Je commence à trouver mon séjour ici assez inutile ; j'y attendrai des ordres de Votre Majesté [1].

Sous les dehors de cette vie frivole, l'Empereur craignait qu'il ne se cachât quelque chose de plus sérieux. Malgré la surveillance dont ils étaient l'objet, les nouvelles d'Espagne perçaient jusqu'à eux. Le 26 juin, Napoléon le reprochait en ces termes à M. de Lavalette, directeur général des postes :

Les princes d'Espagne ont reçu à Valençay beaucoup de lettres à leur adresse, venant de Bayonne, de Perpignan et de différents autres points de la frontière d'Espagne. Je vous avais cependant bien recommandé de prendre des mesures pour qu'il ne leur en arrivât pas.

Mais le moyen le plus sûr de couper court à toute intrigue était d'isoler les princes et de les priver de leur suite espagnole. Dès le 8 septembre 1808, l'Empereur donnait l'ordre suivant au ministre de la Police Fouché :

M. de Macañaz, secrétaire du prince Ferdinand, doit partir pour Valençay. Faites-le arrêter à dix lieues de Paris et conduire dans une prison. Vous ferez saisir en même temps ses papiers pour savoir ce qu'ils contiennent. S'il était déjà arrivé à Valençay, vous le ferez guetter à son retour, et vous ne manquerez pas de le faire arrêter.

Le 24 septembre, ordre de faire surveiller soigneusement M. de San-Carlos et le chanoine Escoïquiz, précepteur de Ferdi-

[1] Archives nationales, AF_{IV} 1680, 9e dossier, p. 52.

nand, qui étaient alors à Paris. Le 9 octobre, ordre d'arrêter le dentiste Galiot, « qui a voulu parler au prince des Asturies. » Et l'Empereur gourmande ainsi Fouché :

Je trouve ridicule que vous n'ayez pas pris de vous-même ces mesures. Si on laisse ainsi rôder autour du palais des gens arrivant de Madrid, il faudra s'attendre à quelque événement.

Le 27 mars 1809, nouvelle lettre au ministre de la Police :

Je désire que vous écriviez à M. d'Arberg, à Valençay, pour qu'il en fasse partir tous les Espagnols attachés à la suite des princes, pour retourner en Espagne, parce que le gouvernement espagnol est dans l'intention de confisquer leurs biens s'ils ne reviennent pas. Il faut qu'ils exécutent l'ordre quarante-huit heures après l'avoir reçu. M. d'Arberg pourra en excepter les parents du chanoine Escoïquiz et une dizaine de domestiques attachés au prince. Il faut même lui donner là-dessus une certaine latitude. Il dirigera ces Espagnols sur Auch, où ils recevront de nouveaux ordres de vous.

P.-S. — On pourrait laisser le chanoine Escoïquiz avec le prince, et envoyer San-Carlos en surveillance à Liège ou à Bruxelles. Mais, avant, il faut que l'opération de se défaire de ces Espagnols soit faite.

Un an plus tard, le 14 avril 1810, Savary recevait de l'Empereur, alors à Compiègne, la mystérieuse lettre qui va suivre :

Vous trouverez ci-jointe la lettre que m'écrit le prince Ferdinand. Faites-moi sur toute cette affaire un rapport auquel vous donnerez une direction qui le rende propre à être imprimé dans le *Moniteur*. L'arrestation de l'individu a-t-elle été assez peu connue pour qu'on puisse supposer qu'il a été arrêté à Valençay? Je voudrais que vous missiez dans votre rapport que l'individu arrêté à Valençay est à Vincennes, qu'il était chargé d'une mission des Anglais près des princes, qu'il a tenté de la remplir, que le prince Ferdinand m'en a prévenu. On mettrait à la suite de ce rapport le détail de la fête qu'ont donnée les princes à Valençay à l'occasion de mon mariage. Cette affaire, présentée de cette manière, ferait le meilleur effet en Europe. On pourrait laisser croire aux princes que ce sont eux qui ont fait arrêter l'agent anglais. Je répondrai au prince Ferdinand une lettre qu'on pourra mettre également dans le *Moniteur*. Vous sentez qu'il est nécessaire de faire une lettre du gouverneur de Valençay, et deux interrogatoires, l'un à Valençay, l'autre ici, où il dira son nom, etc. Arrangez cela de la manière la plus propre à mystifier les Anglais.

Je désire que vous me remettiez tout cela demain, désirant que le *Moniteur* l'imprime lundi ou mardi.

Il ne vous restera plus qu'à bien mettre au secret l'agent anglais,
pour qu'il ne puisse pas percer, et renouvelez les ordres les plus rigi-
des pour qu'on ne lui donne ni plumes, ni encre, ni papier.

Cette lettre fait allusion à un incident singulier du séjour des
princes à Valençay, incident que les documents conservés aux
Archives nationales vont nous permettre de retracer sommairement [1].

Le 6 avril 1810, un individu inconnu réussit à s'introduire
dans le château. sous prétexte d'offrir aux princes des objets en
bois tourné. S'étant adressé à M. d'Amezaga, premier écuyer, il
lui dit qu'il était chargé par le roi Georges d'Angleterre de proposer aux princes de les enlever de Valençay et de les conduire
en Espagne. M. d'Amezaga, surpris, en fit part aussitôt à Ferdinand et au chef d'escadron Berthemy, gouverneur du château.
Ferdinand, de son côté, s'empressait d'en avertir par lettre le
même gouverneur, protestait de sa fidélité à la parole qu'il avait
donnée à l'Empereur, et demandait l'arrestation et le châtiment
de l'émissaire. Pendant ce temps, l'individu en question avait
pu sortir du château; mais il ne tarda pas à être arrêté par les
gendarmes de Berthemy. Ramené devant le gouverneur et inter-
rogé, il raconta qu'il était le « baron de Kolli, ministre diploma-
tique du roi d'Angleterre, » envoyé par lui pour proposer aux
princes espagnols un plan d'évasion. Berthemy s'empressa d'envoyer l'interrogatoire et un rapport à Fouché, et de diriger sur
Paris le prétendu Kolli, tandis que Ferdinand écrivait à Napoléon pour protester de sa loyauté.

Or, il semble résulter avec évidence des pièces conservées
dans les dossiers indiqués ci-dessus et de la lettre de l'Empereur qu'on vient de lire, que toute cette affaire ne fut qu'un coup
monté par la police, d'après les instructions de Napoléon. On
avait en effet récemment arrêté en France un émissaire anglais,
le baron de Kolli, qui était peut-être chargé d'une mission pour
les princes. On l'enferma au secret à Vincennes, et l'on résolut
de se servir de son nom pour tendre aux princes espagnols un
piège déloyal. S'ils y tombaient, ce serait un motif excellent pour
resserrer leur captivité déguisée. Un nommé Richard, aux gages
de Fouché, fut choisi pour jouer ce rôle; ce fut lui qui se présenta

---

[1] Archives nationales, AFIV 1680, 3e dossier, p. 6-10, et 6e dossier, p. 13.

à Valençay, se laissa arrêter et répondit comme on l'a vu à l'interrogatoire du gouverneur, qui y fut trompé comme Ferdinand. Celui-ci n'étant point tombé dans le piège, Napoléon pensa qu'il fallait néanmoins profiter de l'affaire pour « mystifier » les Anglais. Le *Moniteur* du 26 avril publia : 1° un rapport de Fouché à l'Empereur sur cette affaire ; 2° une lettre de M. Berthemy au ministre, dont le texte, fabriqué dans les bureaux de la police, n'est point du tout conforme à la lettre originale conservée dans le dossier des Archives nationales ; 3° la lettre du prince Ferdinand au gouverneur, texte exact ; 4° un prétendu interrogatoire subi par Kolli à Paris, dans lequel il raconte tous ses projets ; 5° des lettres du roi Georges d'Angleterre et de lord Weslesley au prince des Asturies dont le prétendu Kolli était porteur ; 6° le compte rendu de la fête donnée par les princes espagnols à l'occasion du mariage de l'Empereur ; en un mot, tout ce que Napoléon prescrivait dans sa lettre du 14 avril qu'on a lue ci-dessus.

Mais le but que s'était proposé l'Empereur par ce stratagème déloyal était manqué ; Ferdinand, par pur hasard, l'avait déjoué. Cela ne faisait pas l'affaire de l'Empereur ; il voulait resserrer la prison ; n'ayant plus de prétexte, il s'en passa. Au moins, la loyauté de Ferdinand lui fit-elle accorder un an de répit ; c'est seulement le 7 mai 1811 que le duc de Rovigo recevait ce billet :

Les princes espagnols font des courses à cheval. Il y a des projets pour les enlever, et on les enlèvera. Il faut que vous preniez des mesures pour que ces courses cessent et même pour qu'il n'y ait plus un cheval de selle dans le château. Il faut que ceux qui sont chargés de leur garde soient bien imprudents.

Les deux années qui suivirent, jusque vers la fin de 1813, ne complètent point d'incident marquant dans la vie des prisonniers ; car Valençay était bel et bien une prison. A cette époque, Napoléon, qui avait toute l'Europe sur les bras, voulut se débarrasser de l'Espagne soulevée tout entière contre lui et dont le roi Joseph et son armée venaient d'être chassés presque complètement par les Anglais unis aux Espagnols. Il chargea le duc de Bassano, alors ministre des Relations extérieures, d'étudier à fond cette question et de lui présenter un rapport sur les moyens qu'il croirait les plus propres à faire la paix avec l'Espagne ; il aurait de la sorte la libre disposition des troupes de l'armée du Midi et pourrait les employer sur le Rhin. La réponse de Maret ne se fit pas attendre : le 6 novembre, il adressait à l'Empereur un long mémoire sur cette question [1], dans lequel il établissait que la meilleure voie à suivre était de conclure avec le prince des Asturies un traité qui lui rendrait sa couronne. Ce traité conclu, un émissaire, chargé des pouvoirs de Ferdinand et de Napoléon, serait envoyé dans le plus grand secret à Madrid, vers la junte de régence, pour éviter que les Anglais n'eussent vent de ces négociations. Cet agent devait communiquer à la junte l'accord intervenu et négocier le retour de Ferdinand. Napoléon adopta ce projet et fit choix du comte de Laforest, ancien ambassadeur en Espagne et personnage agréable au prince des Asturies ; mais il fallait que les négociations fussent conduites dans le plus grand mystère. On pourra juger des précautions prises par la lettre que voici, omise dans la *Correspondance* et adressée au ministre des Relations extérieures :

Saint-Cloud, le 12 novembre 1813.

En pensant mieux à la manière d'accélérer les affaires d'Espagne, il m'a paru convenable de faire partir le comte Laforest, qui est près de Tours, pour se rendre à Valençay. Il s'y rendra incognito, avec un seul domestique et dans une voiture aussi modeste que possible. Il prendra un nom espagnol, et restera au château de Valençay dans le plus grand incognito. Le comte Laforest portera au prince des Asturies la lettre de moi ci-jointe, dont vous lui enverrez la copie. Vous lui ferez bien connaître mes intentions.

Le principal est, d'abord, de voir dans quelles dispositions sont les trois princes et de s'assurer si, directement ou indirectement, ils ont eu quelques nouvelles ; il est difficile qu'ils n'aient pas reçu quelque chose ; — secondement, de connaître les personnes en qui ils ont confiance ; il leur faut un conseil ; le comte Laforest leur fera connaître que le général San-Carlos vient à Paris, et il leur proposera le chanoine Escoïquiz, ou tout autre individu.

Il est de la plus haute importance que personne ne sache que c'est le comte Laforest. Le commandant français ne doit pas même le savoir. Le comte Laforest aura une lettre pour lui du ministère de la Police, sous quelque titre subalterne, à peu près comme commissaire de police ; c'est sous ce nom qu'il partira. Rédigez sur-le-champ ses instructions, et vous viendrez me les présenter.

[1] Archives nationales, AF|IV 1680, 6e dossier, p 3.

3

La lettre que M. de Laforest devait porter à Ferdinand était conçue en ces termes :

Saint-Cloud, 12 novembre 1813.

Mon cousin, les circonstances actuelles de la politique de mon Empire me portent à désirer la fin des affaires d'Espagne. L'Angleterre y fomente l'anarchie, le jacobinisme et l'anéantissement de la monarchie et de la noblesse, pour y établir une république. Je ne puis qu'être sensible à la destruction d'une nation si voisine de mes États, et avec laquelle j'ai tant d'intérêts maritimes communs. Je désire donc ôter tout prétexte à l'influence anglaise, et rétablir les liens d'amitié et de bon voisinage qui ont existé si longtemps entre les deux nations. J'envoie à Votre Altesse Royale, sous un nom supposé, M. le comte Laforest. Elle peut ajouter foi à ce qu'il lui dira. Je désire que Votre Altesse soit persuadée des sentiments d'estime et d'attachement que j'ai pour elle.

Ces négociations, menées habilement par M. de Laforest, aboutirent, le 11 décembre, à un traité qu'il signa, sauf ratification de l'Empereur et de Ferdinand, avec le duc de San-Carlos, fondé de pouvoirs du prince. Napoléon reconnaissait Ferdinand VII comme roi des Espagnes ; la paix était conclue entre les deux nations ; Ferdinand s'engageait à faire évacuer son royaume par les troupes anglaises ; les Français rendraient aux Espagnols les places qu'ils occupaient encore, à mesure que les Anglais, de leur côté, se retireraient du territoire espagnol ; la sûreté des personnes et des biens des partisans du roi Joseph était garantie ; enfin Ferdinand s'engageait à payer à son père une pension annuelle de trente millions de réaux [1]. Cette dernière clause était la conséquence de la lettre suivante, adressée le 19 novembre par Napoléon au duc de Bassano :

En faisant un traité avec le prince Ferdinand, il sera nécessaire d'assurer une pension au roi Charles et à la reine. Cette pension doit être à peu près égale à celle que je lui ai accordée par le traité [de 1808]. Il faut aussi leur assurer la liberté de demeurer en France et où ils voudront, ainsi qu'aux personnes de toute espèce qui sont à leur service.

Les ratifications furent échangées sans retard ; mais il fallait maintenant s'entendre avec la junte espagnole. Le duc de San-

---

[1] Archives nationales, AF ıv 1680, 6ᵉ dossier, p. 10.

Carlos se rendit à Madrid [1], et les princes firent de leur côté leurs préparatifs de départ. Mais Napoléon se décidait difficilement à les laisser partir, et ce ne fut qu'à la fin de janvier 1814 qu'ils quittèrent Valençay, sans que l'Empereur en ait été averti, ce dont il réprimanda vivement le ministre de la Police [2]. Il était d'ailleurs trop tard : les événements avaient marché avec tant de rapidité que Napoléon ne put bénéficier des avantages du traité qu'il venait de conclure.

III.

LA GUERRE EN ESPAGNE

Nous avons dû anticiper sur les événements pour achever d'un coup ce qui regardait la dynastie détrônée. Revenons maintenant en arrière. Aussi bien, les incidents dramatiques de la guerre d'Espagne ont-ils donné lieu aux éditeurs de la *Correspondance* de laisser de côté bien des lettres intéressantes.

La première que nous rencontrons a trait à un commencement d'émeute qui s'était produit à Santander, le 22 avril 1808. A cette époque, l'Espagne était encore tranquille, quoique les événements d'Aranjuez, l'abdication de Charles IV et l'avènement de Ferdinand eussent amené dans le pays une certaine effervescence. Cette agitation se faisait surtout sentir dans les provinces basques, où, malgré la sévère discipline de Junot, les troupes de l'armée de Portugal avaient déjà commis quelques désordres. La lettre en question montrera comment, dès le début, Napoléon entendait réprimer toute tentative d'insurrection.

Il y a eu le 22, à Santander, écrivait-il le 26 avril au maréchal Bessières, un mouvement qui a menacé les Français. Envoyez-y un officier, et faites connaître aux habitants que, si l'on touche au moindre Français, ils le paieront chèrement; que je suis instruit de cela, et que je vous ai chargé de les avertir du danger auquel ils s'exposent, s'ils se laissent aller à l'impulsion des partisans de l'Angleterre, et qu'il serait fâcheux que les honnêtes gens, s'ils ne contenaient les mauvais sujets, souffrissent pour eux. En effet, mon

---

[1] Lettre de Caulaincourt, 20 février 1814 : AFiv 1680, 10ᵉ dossier, p. 89-90.
[2] Lettre inédite du 1ᵉʳ février 1814.

intention est, à la nouvelle du moindre mouvement, d'y envoyer une brigade avec du canon, et de brûler la ville de fond en comble.

Il faut que l'archevêque m'envoie un prêtre, et le capitaine général, un officier, pour entendre de moi l'indignation que j'ai eue contre leur ville, et que, à la moindre insurrection qui aurait lieu, elle aurait cessé d'exister.

Quelques jours plus tard, l'insurrection du 2 mai éclatait à Madrid, et Murat, docile aux préceptes de l'Empereur, la réprima sévèrement. Les journaux de Paris racontèrent ces événements. Mais Napoléon n'aimait pas que la presse s'écartât de la version officielle du *Moniteur;* aussi écrivait-il le 21 mai à Fouché :

On répand à Paris un tas de bêtises sur les affaires d'Espagne. Un mauvais article de Tolède, qui a été colporté dans tous les journaux, en est la cause. Le fait est qu'il n'y a eu de sang répandu ni à Tolède ni même à Burgos. Le sang n'a coulé qu'à Madrid. Il n'y a pas eu vingt-cinq Français de tués et pas plus de cinquante blessés. Les Espagnols qui ont été tués étaient tous des séditieux et des gens du peuple ameutés. Pas un homme tranquille n'a péri, et la perte des Espagnols n'est pas aussi considérable qu'on l'avait d'abord cru. Il faut tenir la main à ce qu'aucun journal ne parle des affaires d'Espagne qu'après le *Moniteur*.

Fouché, sans doute, « tint la main » à ce que les journaux exécutassent les volontés de l'Empereur ; car celui-ci ne se plaignit pas de la presse à propos des renonciations de Bayonne et du changement de dynastie. Cette couronne que la faiblesse des Bourbons d'Espagne avait remise entre ses mains, il venait d'en disposer en faveur de son frère Joseph. En attendant l'arrivée de celui-ci, Murat exerçait à Madrid des pouvoirs presque royaux. Napoléon lui écrivait :

Bayonne, 23 mai 1808, à dix heures du matin.
Dans la situation où se trouve l'Espagne, il lui faut de l'argent. Quelle est la valeur de l'argenterie, des diamants et autres effets précieux de la couronne ? Tout cela doit bien valoir une quarantaine de millions. Il n'y a pas de difficulté à les mettre en gage pour pareille somme. Lorsque le ministre des Finances sera arrivé, je ne doute point que je ne trouve des ressources dans le pays même: mais il faut encore aller un mois comme cela. Cependant il faut se procurer de l'argent, tant pour les besoins des ports que pour mettre de l'aisance

dans l'administration. Mettez en gage les diamants de la couronne, et, comme ce serait une somme trop considérable pour qu'on pût la trouver dans le pays, empruntez une soixantaine de millions de réaux et mettez en gage des diamants et joyaux pour la valeur de cette somme : cela est tout naturel. On les dégagera par la suite. Je suis persuadé qu'il y a des moyens d'avoir de l'argent en Espagne ; mais, pour cela, il faudrait connaître la situation des choses. J'attends pour cela le ministre des Finances.

P.-S. — Moi, je n'ai point d'argent. Si j'en avais, je n'hésiterais pas à en prêter. Mais la Banque de France ne fera point de difficulté, sur l'autorisation que je lui en donnerai, de prêter vingt millions de francs ou quatre-vingts millions de réaux, en lui donnant pour gage une partie des diamants de la couronne.

La couronne a une grande quantité de bêtes à laine dont on ferait de l'argent. Dans les circonstances actuelles, il serait tout simple que tout ce qui est rentes (?), intérêts de la caisse d'amortissement, ou d'œuvres pies éprouvât du retard, et que tout fût donné à la guerre et à la marine.

A l'appel de son frère, Joseph avait quitté Naples en toute hâte pour gagner l'Espagne par le midi de la France. Ses débuts avaient été assez heureux, et il avait pu faire son entrée à Madrid le 20 juillet. Deux jours auparavant, Napoléon lui avait écrit cette lettre, qui renferme un curieux jugement sur Savary, le futur ministre de la police, lequel avait remplacé pour un temps Murat dans le commandement des troupes de Madrid :

Le prince de Neuchâtel m'a communiqué la lettre du général Savary. Savary est un homme très bon pour des opérations secondaires, mais qui n'a pas assez d'expérience et de calcul pour être à la tête d'une si grande machine. Il n'entend rien à cette guerre de marches. Je désire bien que Jourdan vous soit arrivé. L'habitude de commander en chef, qui donne celle des calculs et des combinaisons, ne peut être suppléée par rien. Vous recevrez demain des notes sur la situation des affaires.

A Barcelone, le général Duhesme a fait fouiller les couvents; on y a trouvé des cartouches, de manière que, comme de raison, il a fait tout prendre. Je vous mande ce qu'il a fait pour que cela vous serve de règle, et que vous ayez soin de faire fouiller les couvents.

Il ne faut pas laisser entrevoir à Savary l'opinion que j'ai de son incapacité. Du reste c'est un homme d'énergie, de zèle et d'exécution qu'il vous sera utile d'avoir.

Je vous prie de me parler quelquefois de la conduite de l'Infantado et de la plupart des personnes qui vous environnent.... N'ayez aucune crainte de la guerre et n'ayez pas d'inquiétudes sur le succès de mes armées en Espagne.

Avant d'avoir reçu cette lettre, Joseph, arrivé à Madrid et y trouvant Savary à la tête des troupes, avait pris ombrage du commandement confié à ce général. Plein d'illusions sur ses propres talents militaires, il crut s'apercevoir que Savary ne prenait point au sérieux les pouvoirs de généralissime que l'Empereur n'avait pu faire autrement que de lui donner. Il s'en plaignit à son frère, qui lui répondit de Pau, le 23 juillet, à trois heures du matin :

Vous commandez l'armée, je vous l'ai dit ; je l'ai fait mettre à l'ordre ; Savary, dans la lettre qu'il écrit au major général, le dit, puisqu'il dit qu'il ne fera aucun mouvement sans votre ordre. Vous auriez donc pu vous épargner une page de bavardage. Actuellement, écrivez-moi souvent et en détail, ce que vous ne faites pas, et ordonnez que votre état-major envoie des états de situation et écrive tous les jours en détail au major général.

Les mouvements militaires de Savary font hausser les épaules ; il n'a fait que de fausses marches. Gobert doit rester avec Dupont, puisqu'il y est, Moncey à San-Clemente ou environs, et Dupont doit être renforcé.

Quand Napoléon écrivait cette lettre, il ne se doutait guère que la veille, 22 juillet, le général Dupont avait signé à Baylen cette honteuse capitulation par laquelle vingt-deux mille Français mettaient bas les armes sans combattre. Il l'ignorait encore, le 31 juillet, jour où Joseph évacuait Madrid, lorsqu'il lui écrivait la lettre qui va suivre et dans laquelle se trouvent singulièrement rapprochées deux phrases, l'une si présomptueuse et qui avait déjà reçu un si cruel démenti, l'autre si fausse et si injuste à l'égard des Espagnols :

Bordeaux, 31 juillet 1808, à onze heures du soir.

J'ai reçu vos lettres des 24, 25 et 26. Le style de votre lettre du 24 ne me plaît point. Il ne s'agit pas de mourir, mais de se battre et d'être victorieux, et vous l'êtes et le serez. *Je trouverai en Espagne les colonnes d'Hercule, mais non des limites à mon pouvoir.* Depuis que je sers, ce que j'ai trouvé de plus lâche, ce sont ces rassemblements et ces troupes espagnols. Au reste, des troupes et des secours de toute espèce se dirigent de votre côté. Vous avez le tiers plus de forces qu'il ne vous faut, si cela est dirigé avec la précision convenable. Hormis Moncey et sa déshonorante retraite de San-Clemente sur Ocaña et son lâche conseil de guerre, je suis fort content de mes troupes. Savary est un homme de tête et de cœur qui a erré dans ses dispositions générales, parce qu'il n'a pas l'habitude de commander en chef, mais qui cependant est encore plus fort que ce que vous avez autour de vous. Caulaincourt a fait très bien à Cuenca. La ville a été pillée, c'est le droit de la guerre, puisqu'elle a été prise les armes à la main.

La Russie vous a reconnu ; la lettre en a été envoyée à M. de Strogonoff. A mon arrivée à Paris, j'apprendrai que l'Autriche a fait de même.

Votre position peut être pénible comme roi ; mais elle est brillante comme général. Il n'y a qu'une chose à craindre : prenez garde de perdre l'esprit de l'armée et de la sacrifier aux Espagnols. Il n'y a point de ménagements à garder avec des brigands qui assassinent mes blessés et qui commettent toutes sortes d'horreurs. Il est fort naturel de les traiter comme on le fait. Je vous l'ai déjà dit et je vous le répète. Depuis la belle victoire de Medina de Rioseco, qui a si promptement décidé les affaires d'Espagne, le maréchal Bessières est le maître absolu du nord.

J'ai vu avec plaisir que vous n'ayez pas envoyé la division Morlot au maréchal Bessières, comme on le proposait. Il faut soutenir Dupont. Soyez sans inquiétude sur l'issue de tout ceci. Je connais bien votre position ; rien de ce qui est arrivé ne m'a surpris. Aurais-je sans cela envoyé cent cinquante mille hommes en Espagne, levé deux conscriptions et dépensé quatre-vingts millions? J'aurais mieux aimé perdre une bataille que de lire le procès-verbal de Moncey.

Lorsque l'Empereur apprit la capitulation de Baylen, il entra dans une fureur dont les Mémoires de l'époque nous ont conservé le souvenir et dont la trace se retrouve dans ses lettres. Les éditeurs de la *Correspondance* ont publié la plupart des pièces qui se rapportent à cette triste affaire [1]. Voici cependant deux lettres qui ont été négligées. La première est adressée, le 23 août 1808, au maréchal Soult, qui commandait un corps d'armée en Prusse :

Dupont s'est complètement déshonoré et a déshonoré mes armes. Ineptie, pusillanimité et vertige ont présidé à ses opérations de la fin de juillet et dérangé mes affaires d'Espagne. Le mal qu'il me fait est

[1] *Correspondance*, nᵒˢ 14,242 à 14,245, etc.

peu de chose en comparaison du déshonneur. Les détails de tout cela, que je me plais à tenir le plus secrets que je puis, excitent l'indignation la plus vive. Il faudra cependant que cela vienne un jour au clair et que l'honneur de nos armes soit vengé.

La seconde lettre a justement pour objet de faire « venir au clair » cette déplorable affaire. Elle est adressée au ministre de la Guerre, le 9 septembre, et prescrit l'arrestation du général Marescot, commandant du génie dans l'armée de Dupont, et indique la forme à suivre pour son interrogatoire ; car l'Empereur entrait volontiers dans ces détails :

Saint-Cloud, 9 septembre 1808.

Vous ferez arrêter le général Marescot, qui seul sera conduit à Paris, dans une prison militaire où il sera tenu au secret. Ses aides de camp seront arrêtés séparément. Les scellés seront apposés sur les papiers de tous, qui vous seront adressés. Quand le général aura été séparé de ses aides de camp et les aides de camp séparés entre eux, vous ferez faire au général l'interrogatoire ci-joint, qui vous sera remis signé de lui et de la personne que vous chargerez de l'interroger. Vous ferez subir à peu près le même interrogatoire à chaque aide de camp.

Interrogatoire à faire subir au général Marescot

1re question. — Où étiez-vous le 13 juillet, le 14, le 15, le 16, le 17, le 18 et le 19 ?

2e. — Comment ne vous êtes-vous pas aperçu que l'ennemi marchait, manœuvrait sur vos derrières, puisque, depuis le 13, le général Belair était attaqué au point de Murgibar (?), et que, le 16, il était en retraite ?

3e. — Pourquoi, au lieu de marcher tous réunis le 16 sur Baylen, vous êtes-vous séparés ?

4e. — Où étiez-vous le 19, à trois heures après midi, lorsqu'on a entendu le canon du général Vedel ?

5e. — Pourquoi alors n'a-t-on pas attaqué et forcé la ligne ennemie, ou n'est-on pas mort avec gloire comme des Français ?

6e. — Qui a fait cesser le feu au général Vedel ?

7e. — Où étiez-vous le 19, à six heures du soir et toute la nuit ?

8e. — Où avez-vous appris que le général Vedel faisait sa retraite sur Madrid ? Que vous a dit le général ennemi ? Quelle part avez-vous eue à l'ordre qui lui a été envoyé de revenir pour être perdu ?

9e. — Comment, grand officier de l'Empire et chef du génie, avez-vous pu, de gaieté de cœur, ajouter à la perte de la division Dupont celle des divisions Vedel et Gobert ?

10ᵉ. — Comment votre main a-t-elle pu signer la capitulation de Baylen, déshonneur éternel du nom français ? Pourquoi y avez-vous compris le général Vedel et sa division ?

11ᵉ. — Comment n'avez-vous pas exigé la sanction d'un commissaire anglais, et n'avez-vous pas conçu que les troupes françaises étaient perdues si elles posaient les armes, et ne rentreraient pas en France si l'on n'avait pas la garantie des Anglais ?

12ᵉ. — Pourquoi avez-vous signé le déshonneur des soldats français en consentant à mettre qu'ils avaient volé des vases sacrés ?

13ᵉ. — Pourquoi avez-vous parlé de bagages avec tant de détails, et augmenté par cette conduite intéressée le déshonneur de cette infâme capitulation ?

14ᵉ. — Pourquoi vous êtes-vous déguisé en général espagnol, et n'avez-vous pas suivi les troupes que vous aviez livrées désarmées ? Ne sentez-vous pas qu'il y avait de la lâcheté à quitter vos habits d'uniforme et à montrer cette terreur panique ?

La capitulation de Baylen avait forcé Joseph à évacuer Madrid. Une sorte de terreur panique, comme le disait Napoléon, s'était emparée des généraux, et les troupes françaises avaient rétrogradé à marches rapides jusqu'à Burgos. L'Empereur blâmait avec raison cette précipitation.

Tout ce qui se passe en Espagne, écrivait-il à Joseph le 16 août, est bien déplorable, et l'armée paraît commandée non pas par des généraux, mais par des inspecteurs des postes. Comment peut-on ainsi évacuer l'Espagne sans raison, sans même savoir ce que fait l'ennemi ?.... Dans tout ce qui se fait, il n'y a pas la première notion d'habitude de la guerre. J'espère que le maréchal Bessières vous aura donné le conseil de ne pas ainsi évacuer tout le pays sans voir l'ennemi.... Dans la position où vous êtes, on voit les ennemis partout, on les voit immensément forts. L'armée, telle qu'elle est organisée, est capable de battre tous les insurgés ; mais il y manque une tête.... J'espère que vous n'avez pas évacué Burgos. De quelque côté que l'ennemi s'avance, c'est une belle occasion pour le battre. Avec le corps du maréchal Bessières, il y a de quoi balayer toute l'armée des insurgés. Un jour, quand vous saurez les mouvements qu'a faits l'armée du général Castaños, vous serez fort étonné de toutes vos manœuvres.

S'il « manquait une tête » en Espagne, si Joseph n'avait pas les talents nécessaires pour diriger les opérations, il faut reconnaître qu'il n'était guère secondé par ses lieutenants. Dans cette guerre de la péninsule, où devait pâlir l'étoile de Napoléon, il semble que personne ne fut à la hauteur de sa tâche. Nous avons vu tout à l'heure Moncey blâmé sévèrement ; c'est maintenant le tour de Bessières, auquel Napoléon adresse, le 9 novembre 1808, la lettre suivante :

J'ai vu avec peine que, au lieu d'ambitionner la gloire d'entrer à Burgos, vous préfériez la céder à un autre. Votre résultat du 8 n'a pas rempli mon attente. Vous ne me donnez aucun renseignement ; et comment pourriez-vous m'en donner ? Vous étiez à dix lieues de votre avant-garde ; le général Lasalle, qui la commande, était à cinq lieues de Burgos, de sorte que tout finissait par un colonel qui ne sait pas ce que l'on veut faire. Est-ce ainsi, monsieur le maréchal, que vous m'avez vu faire la guerre ? Si vous aviez été à trois heures du matin aux avant-postes avec votre infanterie en échelons pour tenter une affaire d'avant-garde, votre cavalerie pour pousser des reconnaissances dans toute la plaine, vous auriez su positivement ce qu'il y avait à Burgos, et vous auriez rempli mon but. Tout me porte à penser qu'il n'y a dans Burgos que huit à dix mille coquins de l'armée de Castille qui ne sont pas dignes d'être nommés et qui osent faire des sorties de trois à quatre mille hommes dans la plaine devant mes troupes. Il faut plus d'activité et de vigueur que cela.

Le lendemain 10 novembre, Bessières entrait à Burgos.

Néanmoins, en présence de la gravité des événements, Napoléon s'était décidé à prendre lui-même en main la direction de la guerre. Aussitôt les choses avaient changé de face : les Espagnols, unis aux Anglais, avaient été successivement battus par l'Empereur ou par ses lieutenants. C'est à la suite d'un de ces succès que Napoléon écrivait à Fouché, le 1er janvier 1809 :

Les Anglais ont lâchement et honteusement abandonné les Espagnols ; nous les poursuivons vivement.... Il paraît que les Anglais avaient fait venir dix mille chevaux pour se sauver plus vite. Faites relever tout cela dans les journaux ; faites faire des caricatures, des chansons, des noëls populaires ; faites-les traduire en allemand et en italien, pour les répandre en Italie et en Allemagne.

Le 4 décembre, les Français rentraient à Madrid, dont le général Belliard était nommé gouverneur. C'était un homme énergique, sur lequel on pouvait compter. Quelques troubles s'étant produits dans la capitale, il fit arrêter une centaine de meneurs et les fit passer devant une commission militaire.

.... L'opération qu'a faite Belliard, disait Napoléon dans une lettre qu'il adressait le 12 janvier, de Valladolid, au roi Joseph, est excellente. Il faut faire pendre une vingtaine de mauvais sujets. Demain j'en fais pendre ici sept, connus pour avoir commis tous les excès et dont la présence affligeait tous les honnêtes gens, qui les ont secrètement dénoncés et qui reprennent courage depuis qu'ils s'en voient débarrassés. Il faut faire de même à Madrid. Si l'on ne se débarrasse pas d'une centaine de boute-feux et brigands, on n'a rien fait. Sur ces cent, faites-en fusiller ou pendre douze ou quinze, et envoyez les autres en France aux galères. Je n'ai eu de tranquillité en France qu'en faisant arrêter deux cents boute-feux, assassins de septembre et bandits que j'ai envoyés aux colonies. Depuis ce temps, l'esprit de la capitale a changé comme par un coup de sifflet.

Tandis que le centre de la péninsule était reconquis par les Français, Saragosse s'immortalisait par sa belle défense de soixante-deux jours contre l'armée du maréchal Lannes. Il n'est pas un seul des témoins de ce siège mémorable qui n'ait rendu justice au courage héroïque des défenseurs de la ville. Il est donc d'autant plus curieux de trouver sous la plume de l'Empereur une appréciation bien différente. Il écrivait, le 11 mars 1809, au roi Joseph :

J'ai lu un article de la *Gazette de Madrid* qui rend compte de la prise de Saragosse. On y fait l'éloge des brigands qui ont défendu cette ville, sans doute pour encourager ceux de Valence et de Séville. Voilà en vérité une singulière politique ! Certainement il n'y a pas un Français qui n'ait le plus grand mépris pour ceux qui ont défendu Saragosse.

Les habitants de cette malheureuse ville furent traités en prisonniers de guerre et transportés en France. La lettre suivante, du 6 mars, adressée au ministre de la Guerre, jette un jour navrant sur leur triste destinée :

Douze mille prisonniers arrivent de Saragosse. Il en meurt trois à quatre cents par jour; ainsi on peut calculer qu'il n'en entrera pas en France plus de six mille. Mon intention est que les officiers soient séparés et envoyés du côté du nord. Quant aux soldats, vous en ferez diriger quatre mille sur Niort, où on les emploiera au dessèchement des marais de cette côte. Ils seront répartis de la manière suivante : mille à Niort, mille à Saintes, mille à la Rochelle et mille à Rochefort. Ces prisonniers seront sous les ordres du général Dufour, qui les fera garder par la brigade qu'il réunit en ce moment. Le cinquième mille sera envoyé en Dauphiné, où il sera employé aux travaux de desséchement ordonnés dans cette contrée. Enfin, le sixième mille sera dirigé sur le Cotentin, où il travaillera au desséchement des marais. Vous recommanderez un régime sévère, et que des mesures soient prises pour faire travailler ces individus de gré ou de force. Ce sont pour la plupart des fanatiques qui n'exigent aucun ménagement.

Le chef des défenseurs de Saragosse, le marquis de Palafox, ne fut guère plus favorisé que ses soldats. Il nous en coûte de constater que Napoléon n'eut pas la grandeur d'âme de le traiter honorablement. Les deux lettres suivantes, adressées au ministre de la Police, feront connaître de quels sentiments l'Empereur était animé à son égard :

Rambouillet, 14 mars 1809.

Palafox, sa mère et sa femme doivent être arrivés ou arriver à Bayonne. Palafox sera conduit *comme un criminel* à Vincennes, et il sera mis au secret, de manière qu'on ne sache pas qui il est. Sa mère et sa femme seront envoyées au château de Ham, pour rester comme otages pour une quantité de Français qui sont aux mains des insurgés.

Schönbrunn, 14 juin 1809.

J'ai reçu un mauvais galimatias de ce scélérat de Palafox. Je suis mécontent que vous l'ayez accepté, fait traduire et par là fait connaître qu'il était à Vincennes, tandis qu'il devait y être ignoré. Ce scélérat est couvert du sang de plus de quatre mille Français qu'il a eu la barbarie de faire égorger à Saragosse. Qu'il reste à Vincennes oublié, sans plumes ni papier, et sans moyen d'intéresser à son sort les ennemis acharnés de la France.

Vous n'avez pas rempli mes intentions. Vous deviez ignorer qu'il était à Vincennes. Je vous réitère que mon intention est qu'il y vive séquestré du monde, sans moyen d'écrire ni de se faire connaître. C'est à cette condition que j'ai bien voulu ignorer ses crimes et ne pas le traduire à une commission militaire.

Les divers événements qui marquèrent la guerre d'Espagne de 1809 à 1812 pourraient nous fournir encore l'occasion de faire connaître nombre de pièces omises dans la *Correspondance*. Mais nous craindrions d'allonger outre mesure cet article déjà long. Cependant, avant d'en venir au dénouement en 1813, nous voudrions dire quelques mots des dilapidations

commises en Espagne par les généraux et les fonctionnaires
français. Tout était matière à concussion : ici, ce sont des con-
tributions qui restent dans les poches des généraux ou des commissaires des guerres ; là, des balles de laine séquestrées et
vendues à leur profit ; des prisonniers qu'on libère à prix d'argent, des troupeaux de mérinos qu'on expédie en France, etc.
Les lettres de l'Empereur sur ce sujet délicat sont assez nom-
breuses ; la *Correspondance* en a publié quelques-unes, d'autres
sont restées inédites. Nous n'avons pas l'intention de donner ici
aucune de ces lettres, où des noms honorés se trouvent singulièrement compromis. Nous nous contenterons de faire connaître les deux suivantes, qui ont trait à la plus importante et à
la plus audacieuse de ces « opérations. » Les faits auxquels
elles font allusion s'étaient passés en 1807, au lendemain des
événements d'Aranjuez, alors que Murat commandait en chef
en Espagne. Il semble même que, dans la pensée de l'Empereur,
le roi de Naples n'ignorait peut-être pas où se trouvait le produit du vol. Le 20 août 1811, Napoléon écrivait donc au duc de
Rovigo, ministre de la Police :

Il m'a été assuré que les diamants de la couronne d'Espagne ont
été enlevés par des Français, et que, en faisant des recherches chez
les bijoutiers, surtout chez ceux qui fournissent la cour de Naples, on
aurait des indices. Suivez cela adroitement, afin de savoir la vérité.

Et, quatre jours plus tard, il adressait à Maret, alors ministre
des Relations extérieures, une lettre plus explicite :

Saint-Cloud, 24 août 1811.

Écrivez en chiffres au comte Laforest qu'il voie le roi d'Espagne et
qu'il lui fasse connaître que, ayant des indices que quinze à dix-huit
millions de diamants avaient été soustraits par des individus à la
couronne d'Espagne, et ayant appris qu'un sieur Aymé y était compromis, je l'ai fait enfermer jusqu'à ce qu'il ait révélé ce qu'il sait
sur cette affaire ; qu'il a déjà avoué qu'il avait vu de très beaux diamants, et entre autres la perle Pérégrine ; que ces objets étaient sous
la garde de cinq Espagnols à Madrid, au départ du roi Charles IV ;
que je désire que ces cinq Espagnols soient interrogés et que procès-
verbal de leur interrogatoire soit envoyé à Paris ; que la perle Pérégrine a passé dans les mains d'un bijoutier qui est en ce moment à
Naples ; que j'ai donné ordre à mon ministre à Naples de faire interroger ce bijoutier et de prendre tous les renseignements qui pour-

raient éclairer là-dessus, mon intention étant de faire retrouver ces quinze ou dix-huit millions de diamants et d'en envoyer la valeur au roi, secours qui sera essentiel pour lui dans cette circonstance ; qu'il a été soustrait des objets d'un grand prix chez le prince de la Paix ; qu'il faut faire faire des enquêtes ; que cela sera suivi en France, et qu'on fera rentrer des sommes considérables.

Vous écrirez au baron Durand en chiffres de faire interroger le bijoutier de la cour de Naples qui est à Naples dans ce moment, et chez lequel on a vu la perle Pérégrine, et de faire des recherches pour parvenir à découvrir ce qu'est devenue cette perle et les autres diamants de la couronne d'Espagne ; qu'il doit mettre le plus grand mystère dans ces recherches ; que l'Espagne a besoin d'avoir ces objets importants dans la situation où elle se trouve.

Les événements de Russie en 1812 eurent leur contre-coup en Espagne ; les insurgés sentirent grandir leurs espérances de se débarrasser des Français. La bataille des Arapiles, gagnée par Wellington sur Marmont, força Joseph à abandonner Madrid. Le roi, que l'Empereur avait, au commencement de l'année, investi du commandement suprême des troupes de la Péninsule, était mal secondé par ses lieutenants, Jourdan, Soult, Marmont, Suchet ; leurs rivalités et leurs dissentiments devaient fatalement aboutir à un désastre. Une marche audacieuse de Wellington vers les provinces basques, pour couper la route de Bayonne, obligea l'armée française à se retirer derrière l'Èbre. Le 21 juin, le général anglais l'atteignit à Vittoria et lui infligea une sanglante défaite. La nouvelle en parvint le 1er juillet à Napoléon, alors à Dresde. Furieux de ce désastre, qu'il attribuait à l'impéritie de son frère, l'Empereur lui retira le commandement des troupes pour le donner au maréchal Soult, et il notifia au roi cette décision par une lettre assez sèche, qui se terminait ainsi : « Je désire que vous ne vous mêliez en rien des affaires de mes armées. » En même temps, il adressait au prince Cambacérès, archichancelier de l'Empire, la lettre suivante :

Dresde, 1er juillet 1813.

Je reçois des lettres du ministre de la Guerre dans lesquelles se trouvent celles du général Foy, du 22 ; le ministre de la Guerre vous fera connaître mes intentions.

J'envoie le duc de Dalmatie, avec le titre de mon lieutenant général, en Espagne. Il sera cependant sous les ordres de la régence et rendra compte au ministre de la Guerre.

Quant au roi d'Espagne, mon intention est qu'il demeure à Pampelune, Saint-Sébastien ou Bayonne, et qu'il y attende mes ordres. Dans tous les cas, mon intention est qu'il ne vienne pas à Paris et qu'aucun grand dignitaire, aucun ministre, sénateur ou conseiller d'État ne le voie jusqu'à ce que je lui aie fait connaître mes intentions. S'il avait dépassé la Loire, vous vous concerterez avec les ministres de la Guerre et de la Police pour faire ce qui serait le plus convenable, sans affliger l'impératrice de ces détails. Le roi ne doit pas passer la Loire sans mon ordre; mais enfin, s'il l'avait passée, il devrait se rendre dans le plus grand incognito à Morfontaine, d'où il serait convenable que ni lui ni aucun officier de sa maison ne vînt à Paris inquiéter l'administration de la régence. Vous verrez avec le ministre de la Police qui l'on pourrait charger de faire connaître mes intentions au roi. On pourrait faire choix de Rœderer ou de tout autre dont le roi aurait l'habitude. Mais, quoi qu'il en soit, vous devez employer la force, s'il est nécessaire, pour l'exécution de mes ordres. En général, je désire que toute communication qui sera faite au roi d'Espagne lui soit faite, non par le canal du ministre de la Police, mais par celui du ministre de la Guerre.

Au reçu de la présente, vous ferez appeler chez vous les ministres de la Guerre et de la Police, et vous leur remettrez leur lettre, en leur recommandant sur le tout le plus parfait silence.

Si le roi avait repris l'avantage et qu'on eût réoccupé Vittoria, vous y mettriez d'autant plus de ménagement. Je suppose que le sénateur Rœderer, ou tout autre ayant la confiance du roi, pourrait lui être envoyé pour lui faire sentir que, d'après l'opinion que j'ai de ses talents militaires, j'ai été obligé par les circonstances de donner le commandement de l'armée à un général ayant ma confiance.

Je vous envoie aussi une lettre pour le roi d'Espagne. Vous ne la remettrez au duc de Dalmatie qu'autant que cela paraîtrait nécessaire au ministre de la Guerre. Je désire que le duc de Dalmatie ne la remette qu'autant qu'il serait impossible de faire autrement. Il me semble qu'une ampliation du décret et une lettre du ministre sont suffisantes.

Veillez à ce que le ministre de la Police ne se mêle de rien que de surveiller, et à ce que le ministre de la Guerre n'écrive au roi d'Espagne que ce que les circonstances exigent qu'il sache; enfin, à ce que tout se fasse avec le plus de modération possible.

Des instructions conformes furent adressées le même jour aux ministres de la Guerre et de la Police. Dans celle du général Clarke, l'Empereur disait :

Toutes les sottises qui ont eu lieu en Espagne sont venues de la complaisance malentendue que j'ai eue pour le roi, qui non seulement ne sait pas commander une armée, mais encore ne sait pas assez se rendre justice pour en laisser le commandement aux militaires.... Tout ce qui regarde le roi est extrêmement secret, et le duc de Dalmatie même ne doit pas en être instruit.

L'irritation de Napoléon, au sujet des événements d'Espagne, ne se calma pas rapidement. Il faut reconnaître que ni Joseph ni Jourdan, son major général, ne firent ce qu'il fallait pour cela. La lettre suivante, au ministre de la Guerre, fera voir que le mécontentement de l'Empereur était en grande partie justifié. La minute n'en existe plus dans les cartons des Archives nationales : elle a été supprimée sous le second empire ; nous avons pu en retrouver le texte dans une copie des minutes de l'année 1813, exécutée sons la monarchie de Juillet [1] :

Wittemberg, le 11 juillet 1813.

Je suis aussi surpris qu'indigné de n'avoir aucun renseignement sur la situation de mes armées d'Espagne. J'ignore encore pourquoi on ne s'est pas lié avec le général Clausel ; j'ignore la perte qu'on a faite en hommes ; je n'ai pas reçu le récit de la bataille. Témoignez mon mécontentement au maréchal Jourdan ; suspendez-le de ses fonctions, et donnez-lui ordre de se rendre dans ses terres, où il restera suspendu et sans traitement jusqu'à ce qu'il m'ait rendu ses comptes de la campagne. Son premier devoir était de vous mettre au fait et de vous faire le récit de la bataille. Demandez aussi ce récit à chaque général en chef. Enfin, témoignez au roi mon mécontentement de ce qu'il n'a pas envoyé ce récit, et de ce qu'il ne m'a pas fait part des raisons qui l'ont porté à abandonner le général Clausel.

Je ne suis pas très content de la lettre que vous avez écrite au roi. J'y vois trop de compliments. Lorsqu'on m'a perdu une armée par ineptie, je puis avoir le ménagement de ne pas mettre le public dans ma confidence ; mais du moins ce n'est pas le cas de faire des compliments. Au contraire, la faute de tout ceci est au roi, qui ne sait pas commander, qui n'a rendu aucun compte et qui n'a donné aucun moyen de s'occuper de l'armée. Il est convenable que vous fassiez en sorte que cette manière dont j'envisage les choses soit connue du roi et de tous ceux qui l'entourent. La conduite de ce prince n'a cessé de faire le malheur de mon armée depuis cinq ans. Il est temps que cela finisse.

Il paraît qu'on a fait sauter le pont de la Bidassoa. Il y a bien de

[1] Archives nationales, AFᴵⱽ* 57.

l'ineptie et de la lâcheté à tout cela. Témoignez mon mécontentement à Reille; dites-lui que je ne le reconnais plus. En général, ils ne montrent tous que la timidité des femmes.

En même temps, pour essayer de pallier aux yeux de l'Europe la défaite de Vittoria et d'en atténuer les conséquences morales, il écrivait de Magdebourg, le lendemain 12 juillet, au ministre des Relations extérieures :

Magdebourg, 12 juillet 1813.

.... Il est convenable d'écrire une circulaire à tous mes ministres pour leur faire la langue sur les affaires d'Espagne. Vous leur direz que, toutes nos armées d'Espagne s'étant concentrées afin de devenir disponibles comme réserve, selon que les circonstances l'exigeraient, l'armée du Nord s'était portée de Pampelune sur l'Aragon, et les autres armées sur les débouchés de la Biscaye et de la Navarre; que les Anglais, s'étant aperçus de ces mouvements, en avaient profité pour suivre vivement nos marches, et que, le 21, une affaire assez chaude avait eu lieu devant Vittoria, dans laquelle il y avait eu une perte égale des deux côtés; que l'armée avait continué son mouvement et était arrivée au point fixé pour sa réunion; que cependant l'ennemi avait pris une centaine de pièces de canon ou voitures qui étaient dételées à Vittoria, reste de l'immense évacuation qui avait été faite de Madrid et de l'Espagne; que c'est la prise de ces bagages que les Anglais voudraient faire passer pour des pièces de canon attelées et enlevées du champ de bataille.

Joseph avait obéi aux ordres de son frère ; le 12 juillet, il avait remis le commandement à Soult, lui laissant la tâche de défendre, non plus le royaume d'Espagne, mais la frontière française des Pyrénées. Après un court séjour au château de Poyanne, près de Bayonne, il se retira à Morfontaine. Il y vécut plusieurs mois dans le plus strict isolement. Napoléon avait encore insisté auprès de Cambacérès pour que ses intentions à cet égard fussent ponctuellement exécutées. La lettre qu'il lui adressa de Dresde, le 20 juillet, a été supprimée comme celle du 11, dont nous avons parlé plus haut ; elle ne nous a été conservée qu'en copie [1].

Au prince Cambacérès, archichancelier de l'Empire.

Dresde, 20 juillet 1813.

Je reçois votre lettre. Je vous ai fait connaître, de Wittemberg, que

[1] Archives nationales, registre AF ıv⁺ 57.

mon intention était que le roi se rendît à Morfontaine et qu'il y gardât le plus grand incognito. Mon intention est que vous ne le voyiez pas. S'il demandait à vous voir, vous répondriez qu'il y a défense de ma part. Mon intention est qu'il ne voie aucun de mes ministres ; s'il demandait à les voir, on lui ferait la même réponse. Le président du Sénat, les ministres d'État, les présidents de section ne le verront pas. Vous ferez connaître de la manière la plus positive au roi que, jusqu'à mon retour, mon intention est qu'il ne voie personne [1].

Il vient de m'écrire une lettre où il accuse le ministre de la Guerre et tout le monde. La faute de tout est à lui. La relation des Anglais montre assez avec quelle ineptie cette armée a été conduite ; il n'y en a pas d'exemple dans le monde. Sans doute le roi n'était pas militaire ; mais il est responsable de son immoralité, et la plus grande immoralité, c'est de faire un métier qu'on ne sait pas. S'il manquait à l'armée un homme, c'était un général, et s'il y avait un homme de trop, c'était le roi. Je n'entends donc pas raillerie là-dessus. Si vous mettiez ici de la faiblesse et ne faisiez pas connaître clairement mes intentions, le roi recevrait du monde, deviendrait un centre d'intrigues, et cela me mettrait dans la nécessité de le faire arrêter ; car ma patience est à bout. J'ai blâmé la lettre que lui a écrite le ministre de la Guerre, parce que le roi aura pris facilement le change. Il faut qu'il connaisse mes vrais sentiments, et qu'il sache que, s'il ne s'y conforme pas, le ministre de la Police a ordre de l'arrêter. Il n'y a absolument que cela qui puisse le contraindre.

Je suis surpris, après ce que je vous ai écrit, que vous ayez eu encore quelque doute sur la conduite à tenir envers le roi. Tout ceci ne doit être que provisoire ; il est donc tout simple qu'il reste à se reposer à la campagne en attendant que je puisse lui demander compte de sa mauvaise conduite. Je ne sais ce que vous avez chargé Rœderer de lui dire ; mais, si vous ne lui avez pas parlé clair et fait voir mes lettres, vous aurez manqué votre but. Il paraît que Rœderer va venir auprès de moi ; j'en suis bien aise ; je pourrai lui dire toute ma façon de penser, et que je ne veux plus exposer mes affaires par ménagement pour des imbéciles qui ne sont ni militaires, ni politiques, ni administrateurs.

Les malheurs de la France firent sortir Joseph de sa retraite. Le 29 décembre, il écrivit à l'Empereur pour se mettre à sa disposition. Napoléon lui répondit par une lettre peu aimable, dont

[1] Sauf sa femme, sa mère, les personnes de sa famille et quelques Espagnols de son intimité, est-il dit dans une lettre du même jour au ministre de la Police.

Joseph eut le bon esprit de ne pas se froisser. Il fit savoir à son frère qu'il renonçait au titre de roi et ne se regardait plus que comme prince français; il le supplia d'user de ses services et de son dévouement. Dès lors, Napoléon lui rendit sa confiance et le nomma, au commencement de 1814, son lieutenant général à Paris, avec des pouvoirs assez étendus. C'est en cette qualité qu'il dirigea le gouvernement, de concert avec l'impératrice régente, jusqu'à ce que l'entrée des alliés à Paris et l'abdication de l'Empereur eussent mis fin à son rôle politique.

BESANÇON. — IMPR. ET STÉRÉOTYP. DE PAUL JACQUIN.

www.ingramcontent.com/pod-product-compliance
Lightning Source LLC
LaVergne TN
LVHW020046090426
835510LV00040B/1429